revelaciones de la India

Responsables editoriales: Suyapa Audigier y Brigitte Éveno

Dirección artística y realización: Guylaine y Christophe Moi

Secretaría de edición: Sylvie Gauthier

Fotografía de los objetos: Matthieu Csech

Traducción: Victoria Llorente

© 2000, HACHETTE LIVRE (Hachette Pratique)
© 2000, Salvat Editores

cocina XXI

revelaciones de la India

Sophie Brissaud

Fotografías de Françoise Nicol
Estilismo de Laurence du Tilly

SALVAT

[Cuando los sabores se funden...]

Las fronteras de la cocina desaparecen gradualmente, para mayor placer de todos. Con el cambio de siglo vemos cómo adoptamos, poco a poco, nuevas costumbres culinarias. No se habla ya de «cocina exótica», pues el exotismo implica lejanía, extrañeza y no por fuerza autenticidad. Ahora bien, nada hay ya de extraño en la cocina china, india o mexicana. El estilo actual consiste en hallar la inspiración en todas partes donde sea posible: lo esencial es que el resultado sea bueno. Antaño, probar las cocinas extranjeras era una audacia, un riesgo; hoy en día forma parte de nuestra vida cotidiana. Ingredientes que antes era preciso buscar con olfato de detective o hacerse traer por los amigos viajeros ya están disponibles al lado de casa, en la gran superficie más próxima o en el colmado de la esquina. Ya no nos dan miedo las especias, los frascos misteriosos, los frutos coloreados... aprendemos a utilizarlos. Más aún, intentamos adaptarlos a los manjares de cada día. El mundo acude a nuestra cocina con toda naturalidad, con todo el frescor de sus sabores; descubrimos, al mismo tiempo, regímenes distintos, principios dietéticos que nos hacen meditar. Nuestra cocina es, de ahora en adelante, el crisol de una fusión sin complejos, y lo que antes era insólito se vuelve tan familiar que olvidamos sus orígenes extranjeros.

La India es más que un país, es casi un continente; por lo tanto no hay una, sino varias cocinas indias. Esta nación, enorme y variada, ha engendrado tantas creencias, tantos sistemas filosóficos y políticos, alberga tantas etnias y estilos de vida distintos que posee un mosaico de tradiciones culinarias, todas deliciosas. Su generosa naturaleza y la variedad de sus climas le ofrecen una profusión de ingredientes, especias y aromas. A lo largo de su historia milenaria fueron forjándose principios dietéticos y medicinales verificados, que se aplican a la cocina. Ésta es la gran particularidad de las cocinas indias: se concibieron, al mismo tiempo, para el placer y la salud, en virtud de la doctrina medicinal védica, que pretende curar por la economía de los sabores. Las especias son esenciales: condicionan el equilibrio del plato. Una comida india se compone de platos que se sirven todos al mismo tiempo, y cada uno come según sus deseos. No es una cocina difícil, pero comporta imposiciones: puesto que cada ingrediente debe añadirse en el momento preciso de la cocción, es conveniente prepararlo todo antes de comenzar la receta. Lo más importante, si desea cocinar a la manera india para usted mismo o para invitar, es organizarse algún tiempo antes y leer bien la receta para memorizar su desarrollo. En esto reside el secreto de los deliciosos curries y *tandooris* que le valdrán los elogios de sus invitados.

sumario

entradas y sopas   8

tandooris   30

curries y *baltis*   50

arroz, verduras y lentejas   72

postres y bebidas   94

anexos   116

entradas y sopas

ligero, aromático

Una comida india no se organiza en servicios: todo se ofrece al mismo tiempo y los invitados se sirven según su fantasía. Sin embargo, en la India, los platos ligeros y algunas ensaladas acompañan los curries y asados, los caldos de lentejas sazonan los platos de arroz, y distintas tapas se venden en la calle. Sirva estos platos como entrada o colóquelos como un bufé; así podrá ofrecerlos también por la tarde, con el té.

[ensalada india marinada]

6 personas
Preparación: 15 min
Reposo: 30 min

1 pepino
2 tomates fuertes
1-2 cuch. soperas de vinagre de vino tinto
1/2 cuch. de café de sal
1 cuch. sopera de azúcar en terrones
1 pizca abundante de *garam masala* (p. 16)
3 ramas de cilantro fresco

Lave el pepino, pélelo dejando algunas franjas de piel, córtelo en rodajas finas y dispóngalas en círculo en una fuente honda.

Sumerja los tomates unos segundos en agua hirviendo, pélelos y córtelos en rodajas finas. Póngalas en la fuente con las rodajas de pepino.

Moje con vinagre, espolvoree uniformemente con sal y, luego, con el azúcar en terrones. Deje descansar 30 min.

Sirva guarnecido con *garam masala* y cilantro cortado, como acompañamiento de un curry o un *tandoori*. El jugo que brota de las verduras se consume también.

[samosas de verduras]

Mezcle bien los ingredientes del relleno. Resérvelo.

Mezcle la harina y la sal, añada el *ghee* y, luego, el yogur. Trabaje y amase hasta obtener una pasta firme y con ella forme bolas del tamaño de un huevo. Aplane cada bola, extiéndala luego hasta que quede fina y en forma de crêpe. Córtela en dos, enrolle cada una de las mitades hasta obtener un cucurucho ancho, luego introduzca en él un poco de relleno, hasta los tres cuartos de la altura. Humedezca la parte abierta de la crêpe y dóblela sobre el cucurucho y apriete bien con los dientes de un tenedor para fijarla. Reserve las samosas rellenas bajo una hoja de film transparente.

Caliente el aceite en un wok o una freidora y fría las samosas: deben chisporrotear inmediatamente, pero el aceite no debe mantenerse demasiado caliente. 2-3 min de cocción bastan por lo general: tienen que quedar bien doradas. Escúrralas sobre papel absorbente y sirva caliente (pueden recalentarse) con un chutney de hierbas (p. 26), o un *raita* (p. 38).

6 personas
Preparación: 1 h
Cocción: 3 min

300 g de harina
1/2 cuch. de café de sal fina
3 cuch. soperas de *ghee* (p. 28)
5 cuch. soperas de yogur escurrido
aceite para freír

Para el relleno:
300 g de patatas hervidas y chafadas
5 cuch. soperas de guisantes cocidos
4 cuch. soperas de cebolleta picada
3 cuch. soperas de cilantro fresco picado
1 cuch. sopera de menta fresca picada
1-3 guindillas verdes, sin las semillas, picadas
el zumo de 1 lima
sal

12 entradas y sopas

[potaje mulligatawny]

En una olla, rehogue el cordero con el *ghee* caliente, removiendo con frecuencia hasta que la carne esté dorada. Sáquela con una espumadera y resérvela. Añada en la olla las pastas de ajo y jengibre, las semillas de adormidera, cilantro, comino y cúrcuma molidas. Remueva 1 min a fuego medio. Añada la carne y su jugo, un poco de sal, la guindilla y la pimienta. Remueva a fuego bajo.

Si utiliza la harina de garbanzos, mézclela en un bol con 4 cucharadas soperas de agua hasta obtener una pasta lisa. Incorpore poco a poco el caldo (o el agua caliente) batiendo bien. Viértalo sobre la carne, suba el fuego y lleve a ebullición. Si utiliza las patatas, añádalas directamente a la carne, vierta el caldo y lleve a ebullición. Sale. Reduzca el fuego, tape, deje hervir 30 min. Eventualmente, añada el arroz crudo, remueva, tape de nuevo y deje cocer a fuego bajo 15 min más.

Retírelo del fuego, añada el zumo de limón, el cilantro fresco, los cubos de fruta, si corresponde, y sirva caliente.

Este potaje, consistente, pertenece a la cocina angloindia y puede servirse con toda clase de comidas, indias u occidentales.

4 personas
Preparación: 30 min
Cocción: 50 min

250 g de carne de cordero magra, cortada en cubos pequeños
2 cuch. soperas de *ghee* (p. 28) o de aceite vegetal
2 cuch. soperas de pasta de ajo (p. 17)
1 cuch. sopera de pasta de jengibre (p. 17)

Especias molidas:
1 cuch. sopera de semillas de adormidera blancas (o, en su defecto, de semilla de adormidera negra) algo tostadas y pulverizadas
1/2 cuch. de café de cilantro
1/2 cuch. de café de comino
1 pizca abundante de cúrcuma
1 pizca de guindilla roja
1 pizca abundante de pimienta negra molida

2 cuch. soperas de harina de garbanzos (*besan*) o, en su defecto, 2 patatas cortadas en cubos muy pequeños
75 cl de caldo de ave
1 cuch. sopera de arroz crudo (optativo)
el zumo de 1/2 limón
1 manojo pequeño de cilantro fresco picado fino
1 manzana o 1 mango maduro pero fuerte, cortado en cubos muy pequeños (optativo)
1/2 plátano fuerte cortado en cubos muy pequeños (optativo)
sal

[puré de berenjena ahumada]

4 personas
Preparación: 40 min
Cocción: 45 min

2 berenjenas fuertes
1 tomate grande muy maduro
2 cuch. soperas de pasta de cebolla (p. 17)
1 cuch. sopera de pasta de ajo (p. 17)
1 cuch. sopera de pasta de jengibre (p. 17)

Especias molidas:
1/2 cuch. de café de cúrcuma
1 cuch. de café de *garam masala* (p. 16)
1/2 guindilla verde fresca (o más), sin semillas y cortada fino (optativo)
2 cuch. soperas de cilantro fresco picado fino
el zumo de 1/2 lima
sal fina, aceite vegetal

Encienda el grill del horno, seque las berenjenas y úntelas con un poco de aceite. Áselas 20-25 min, a 5-7 cm del grill, sobre una hoja de aluminio, deles la vuelta cada 5 min hasta que la carne esté tierna. No deje que se quemen, aunque la piel debe ennegrecerse. Retírelas del grill, deje que se entibien unos minutos. Pélelas con precaución y recupere toda la carne rascando la piel. Pique grueso la carne de berenjena eliminando el agua de vegetación. Resérvela.

Pele el tomate tras haberlo sumergido unos segundos en agua hirviendo, machaque bien la pulpa. Caliente un poco de aceite en una sartén. Fría 5 min las pastas aromáticas y la cúrcuma, removiendo; añada luego la guindilla verde, dos tercios del cilantro y el tomate machacado. Cuézalo 10 min a fuego bajo.

Añada la carne de berenjena, suba el fuego y fría la mezcla 10 min removiendo. Al finalizar la cocción, sale, añada el zumo de lima, el resto del cilantro y el *garam masala*. Sirva caliente, tibio o fresco.

[potaje picante de patatas]

4 personas
Preparación: 20 min
Cocción: 50 min

2 patatas medianas
2 dientes de ajo picados
2 cuch. soperas de concentrado de tomate
1 cuch. sopera de *ghee* (p. 28)

Especias molidas:
1 pizca de asa fétida
1/2 cuch. de café de cúrcuma
1 pizca de guindilla roja

Especias enteras:
1/2 cuch. de café de semillas de comino,
6 hojas de *kari*
cilantro fresco, sal

Pele las patatas y córtelas en cuatro. Caliente el *ghee* y dore el ajo 1 min. Añada la asa fétida y el comino, remueva, añada luego las patatas, el concentrado de tomate, la cúrcuma y la guindilla. Remueva, rehogue 2 min. Añada 60 cl de agua, las hojas de *kari*, lleve a ebullición, sale, tape y deje cocer a fuego bajo 45 min.

Retire del fuego, deje descansar 5 min. Chafe las patatas en un pasapurés o con el dorso de una espumadera. Sirva caliente, guarnecido con cilantro picado.

entradas y sopas 15

[*garam masala*]

Ponga las especias en un molinillo de café y redúzcalas a polvo fino. Viértalo en un pequeño frasco de cierre hermético. Tape y conserve al abrigo de la luz.

Esta mezcla aromática se añade a los manjares al finalizar la cocción. También sirve para espolvorear ensaladas o los condimentos al yogur. Típico del norte de la India, en los duros inviernos, calienta el organismo y facilita la digestión. Es mejor prepararlo sólo en pequeñas cantidades.

1 frasco pequeño para especias
(unas 4-5 cuch. soperas)
Preparación: 5 min

2 cuch. de café de pimienta negra en grano
2 cuch. de café de comino
1 cuch. de café de comino negro de Cachemira (*kala jeera*)
2 cm de bastoncito de canela
1 cuch. de café de semillas de cardamomo verde
1 cuch. de café de clavo
1/2 cuch. de café de macis o 1/2 nuez moscada
3 hojas de laurel
1 cuch. de café de semillas de cilantro (optativo)

16 entradas y sopas

[pastas aromáticas]

Preparación: 20 min

escalonias (o cebollas)
dientes de ajo
guindillas verdes
1 rizoma de jengibre
cebollas
aceite vegetal

Pele y corte las escalonias (o las cebollas) en cuartos. Pele los dientes de ajo. Abra las guindillas verdes y quíteles las semillas tras haberse puesto guantes, pues las esencias de la guindilla son muy corrosivas. Pele los rizomas de jengibre, séquelos, córtelos en cubos pequeños. Pele las cebollas, córtelas en rodajas finas; fríalas en una sartén, con abundante aceite vegetal, removiendo con frecuencia hasta que se hayan dorado uniformemente; escurra y exprima las cebollas para quitar el máximo de aceite.

Reduzca los ingredientes así preparados a una pasta fina en una batidora. Vierta cada una de las pastas aromáticas en un frasco de cristal, con cierre hermético, y consérvelas en la nevera.

entradas y sopas

[buñuelos de verduras]

Mezcle en una ensaladera la harina de garbanzos, el *ghee*, el zumo de lima, las especias molidas y sal. Incorpore 5 cucharadas soperas de agua bien fría y bata bien hasta obtener una pasta lisa. Añada el agua mientras bate hasta que la pasta esté untuosa. Bata enérgicamente 5 min para aligerarla aún más.

Caliente el aceite para freír a 180 °C. Eche una gotita de pasta para comprobar el calor: si se levanta y cuece de inmediato, el aceite está listo.

Sumerja cada verdura en la pasta y póngala en el aceite. Fría varias verduras a la vez, procurando que no se toquen en el baño de fritura. Dórelas bien por ambos lados.

Escurra sobre papel absorbente y sírvalas calientes, acompañadas con chutney de hierbas (p. 26) mezclado con yogur y yogur batido con mucho ajo picado (para los buñuelos de patata).

---

6 personas
Preparación: 30 min
Cocción: 10-15 min

140 g de harina
de garbanzos (*besan*)
2 cuch. de café de *ghee* (p. 28)
el zumo de 1/2 lima

Especias molidas:
1 pizca abundante de cúrcuma
1 pizca de guindilla roja
2 cuch. de café de cilantro
1 cuch. de café de *garam masala* (p. 16)
1 cuch. de café de sal fina
15 cl de agua bien fría
aceite para freír

Verduras variadas:
rodajas finas de patatas,
pequeños ramitos
de coliflor o brécol,
hojas tiernas de espinacas,
rodajas finas de calabacín
o berenjena, gombos
enteros, guindillas verdes
sin las semillas, guisantes
mollares...

[potaje frío al yogur]

Pele y quite las semillas del pepino, rállelo y exprímalo con los dedos antes de medir 4 cucharadas soperas. Lave, seque y pique fino la menta.

En una ensaladera, ponga el pepino, los demás ingredientes y 10 cl de agua, mezcle bien, tape y deje descansar 2 h, por lo menos, en la nevera, antes de servir en boles pequeños.

Este potaje es especialmente adecuado para el verano, cuando hace mucho calor. Eventualmente puede añadir una pizca de comino molido, levemente tostado, o *garam masala*.

---

4 personas
Preparación: 15 min
Refrigeración: 2 h por lo menos

1 pepino
1 manojo de menta muy fresca
25 cl de yogur (p. 20)
12 cl de nata ligera
1 pizca de *garam masala* (p. 16) o de comino molido (optativo)

18 entradas y sopas

De sabor suave, el yogur indio es compacto y cremoso. Un pequeño bol de este yogur hecho en casa, batido con 1 pizca de pimienta negra, 1 pizca de sal y 1 pizca de comino molido facilita la digestión tras una comida copiosa.

[yogur indio]

1 litro de yogur
Preparación: 1h 20 min
Fermentación: 4-8 h

1 litro de leche entera
1 cuch. sopera de fermento (yogur de la elaboración anterior) o, en su defecto, 1 cuch. sopera de yogur natural, de leche entera

Lleve la leche a ebullición, Retírela del fuego y deje que se entibie. Compruebe de vez en cuando la temperatura con un dedo muy limpio; cuando el calor comience a ser soportable, caliente un poco de agua en una olla de hierro grande. Deje hervir 5 min, deseche el agua, ponga la olla en un lugar cálido y tranquilo, tape.

Cuando su dedo pueda permanecer en la leche más de 20 segundos sin quemarse, añada el fermento y bata 30 segundos. Vierta la leche en frascos de cristal muy limpios, con tapa de rosca o plástico. Colóquelos en una olla de hierro grande con el fondo cubierto con papel absorbente, tape y envuelva la olla con un paño. Deje fermentar desde un mínimo de 4 h a un máximo de 8 h, según el estado del fermento y la temperatura ambiente.

El yogur está listo cuando se ha solidificado. Tape los frascos y consérvelos en la nevera.

El yogur indio se prepara a partir de un fermento a base de tamarindo. Es más compacto, más suave y más digestivo que sus equivalentes occidentales. Sin embargo, este fermento es difícil de obtener en casa; utilice pues 1 cucharada sopera de yogur comercial o de la elaboración anterior.

Para preparar los curries, a veces es necesario escurrir el yogur unas horas en un trapo. Si no tiene tiempo de prepararlo usted mismo, el yogur llamado «griego» se adapta perfectamente a las recetas indias. Muy cremoso, no es necesario escurrirlo.

entradas y sopas

[caldo de lentejas amarillas con tomate]

6 personas
Preparación: 30 min
Cocción: 1h 15 min

1 bola grande de pulpa de tamarindo
1 vaso de lentejas amarillas grandes partidas (*toor dal*) o de guisantes amarillos partidos
1/2 cuch. de café de cúrcuma molida
2 cuch. soperas de *ghee* (p. 28)
2 tomates maduros grandes
6 dientes de ajo grandes

Especias enteras:
1 cuch. de café de pimienta negra en grano
1 cuch. de café de semillas de comino
2 pizcas abundantes de granos de mostaza

1 manojo de cilantro fresco
+ algunas hojas para servir
1 ramo (o 10-12 hojas) de *kari*
1 pizca de asa fétida molida
1 guindilla roja pequeña y seca, sin las semillas, troceada
sal

Extraiga el zumo del tamarindo chafando la pulpa en un tamiz fino con un poco de agua. Resérvelo.

Seleccione y lave cuidadosamente las lentejas. Cúbralas con 1 litro de agua, añada la cúrcuma y 1 cucharada de café de *ghee*; deje hervir a fuego bajo más o menos 1 h tapado, hasta que las lentejas estén cocidas. Pele los tomates tras haberlos sumergido unos segundos en agua hirviendo, trocéelos. Añádalos y deje cocer 10 min. Retire del fuego, tape y deje que se entibie. Páselo todo por un tamiz fino apretando para extraer el máximo de pulpa posible. Vierta un poco de agua caliente sobre el contenido del tamiz y siga apretando, deseche luego el residuo. Este caldo de lentejas debe ser bastante líquido. Sale a voluntad.

En un poco de *ghee*, fría 4 dientes de ajo pelados y picados, la pimienta y el comino. Cuando el ajo esté ligeramente dorado, vierta con rapidez el caldo de lentejas. Añada el tamarindo, el cilantro y las hojas de *kari*. Vuelva a poner al fuego y deje hervir a fuego bajo.

Caliente el resto del *ghee* en una cacerola pequeña, saltee los granos de mostaza, el resto del ajo en rodajas finas, la asa fétida y la guindilla. Cuando el ajo esté rubio y la guindilla comience a dorarse, incorpórelos al caldo. Limpie el fondo de la cacerola con un poco de liquido e incorpórelo al caldo. Deje reposar 5 min y sirva caliente, adornado con hojas de cilantro.

[patatas fritas con especias]

Pele y lave las patatas. Atraviéselas con una broqueta de metal gruesa o una hoja estrecha y gruesa. Haga 2-3 agujeros en cada tubérculo. Ponga las patatas 30 min en remojo en agua salada, luego retírelas, apriételas bien, escúrralas y séquelas por completo. Déjelas reposar 20 min para completar el secado, inserte luego las mitades de almendra en cada agujero. Fría las patatas en aceite caliente hasta que estén bien doradas. Escúrralas sobre papel absorbente y sálelas. Reserve.

Precaliente el horno a 120 °C (t. 3). Unte las patatas con pasta de ajo y reserve. Fría unos instantes, en el *ghee*, a fuego moderado, las especias molidas y la menta. Añada 2 cucharadas soperas de yogur, mezcle bien y remueva hasta que espesen.

Añada un poco más de yogur y deje que se espese de nuevo. Ponga las patatas y, luego, el resto del yogur. Sale un poco, tape, póngalo al horno y deje cocer 30 min. Sirva caliente, espolvoreado con cilantro fresco picado.

---

4 personas
Preparación: 30 min
Remojo
y secado: 50 min
Cocción: 40 min

750 g de patatas nuevas, redondas, del tamaño de un huevo
75 g de almendras peladas, cada una separada en dos
4 cuch. soperas de pasta de ajo (p. 17)
50 g de *ghee* (p. 28)

Especias molidas:
1 cuch. de café de páprika
1/2 cuch. de café de semillas de cardamomo verde majadas
1 pizca abundante de nuez moscada
1 pizca abundante de jengibre
1 pizca escasa de azafrán

2 cuch. de café de hojas de menta fresca picadas fino
20 cl de yogur (p. 20) escurrido o yogur griego
cilantro fresco picado
aceite para freír
sal

Lave y seque bien las hierbas. Pele y quite las semillas al tomate tras haberlo sumergido unos segundos en agua hirviendo. Pele los dientes de ajo. Pique grueso todos los ingredientes y redúzcalos a una pasta fina en el recipiente de la batidora. Póngalo en un frasco de cristal de cierre hermético. Conserve en la nevera.

Este chutney puede utilizarse tal cual como ingrediente para ciertas recetas, en las maceraciones por ejemplo.

Para utilizarlo en la mesa, basta con tomar 2 cucharadas soperas y diluirlas en la cantidad deseada de yogur batido. Acompañe entonces las carnes *tandoori* y las entradas fritas, como buñuelos de verduras (p. 18).

1 frasco de 250 g
Preparación: 15 min

60 g (un ramito) de hojas de menta fresca
120 g (un manojo grande) de hojas de cilantro fresco
1 tomate maduro pequeño
2 dientes de ajo grandes
1 guindilla verde (o más) sin las semillas
1 cuch. sopera de comino molido
2 cuch. soperas de pulpa de mango verde o poco maduro
sal

[chutney de hierbas]

La dietética india, nacida de la medicina védica, se basa en

los sabores (*rasa*). Dulce, agrio, salado, amargo, picante y

astringente deben estar en equilibrio para asegurar la

salud. Todos los sabores tienen que estar presentes en una

comida, de aquí la importancia de las especias y los condi-

mentos. En la India, antes de convertirse en cocinero, es

preciso aprender a mezclar las especias durante siete años.

[*ghee*]

Funda poco a poco la mantequilla en una cacerola grande, a fuego medio, y llévala a ebullición. Deje hervir 15-30 min, a fuego bajo o medio: el tiempo depende del grado de pureza de la mantequilla. Al principio, el líquido es opaco, del color del botón de oro. Poco a poco va aclarándose y pequeños copos de un residuo lechoso, blanco y cremoso, aparecen en suspensión.

Remueva de vez en cuando con una cuchara de metal sin rascar el fondo. Cuando la clarificación está terminando, los copos se acumulan y caen al fondo de la cacerola. Deje cocer 5 min más. El residuo debe pegarse levemente y formar una fina costra quemada, cubierta por otra capa de un amarillo pálido y cremoso; la grasa purificada debe ser perfectamente transparente, de un hermoso amarillo dorado, y desprender un aroma de brioche caliente.

Filtre en un recipiente grande, con un tamiz metálico provisto de muselina o una capa fina de papel absorbente (una sola hoja). Vierta en frascos de cristal con cierre hermético y tape cuando el *ghee* se haya enfriado. Acabado de clarificar, permanece líquido; luego cristaliza, al cabo de unos días, sin perder sus propiedades. Cierre los frascos para conservarlo; si ha sido bien filtrado, el *ghee* se conserva indefinidamente sin refrigeración.

Puede aromatizarlo añadiendo, 10 min antes de que termine la clarificación, 2-3 clavos.

1 kg de *ghee*
Preparación y cocción: unos 30 min

1 kg de mantequilla dulce de muy buena calidad

28 entradas y sopas

4 personas
Preparación: 20 min
Cocción: 45 min

2 mangos maduros
pero duros
1 cebolla
2 cuch. soperas de *ghee*
(p. 28)
4 clavos
2 cm de bastoncito de canela
troceado
1 guindilla roja seca,
sin las semillas, y troceada
200 g de azúcar de palma
(*jaggery*) o azúcar en terrones
1/2 cuch. de sal
el zumo de 1-2 limas
(según su gusto) o
4 cuch. soperas de vinagre
de vino

[chutney parsi de mango]

Pele los mangos, corte la pulpa en rebanadas gruesas. Pele la cebolla, córtela en rodajas finas. Saltee en el *ghee* las rodajas de cebolla y las especias hasta que la cebolla esté tierna pero no dorada. Añada el azúcar, 20 cl de agua y sal; lleve a ebullición y deje cocer a fuego medio hasta obtener una consistencia espesa y de almíbar.

Añada entonces los mangos y el zumo de lima o el vinagre y deje cocer suavemente 30-35 min, hasta que los frutos estén cocidos y translúcidos y el almíbar espeso y dorado.

Sirva caliente, como acompañamiento para platos a base de cordero o pollo. Se conserva una semana tapado, en la nevera.

entradas y sopas **29**

tandooris

tandooris

a calor vivo...

El *tandoor* es un horno hueco de arcilla, en forma de jarra, donde se ponen los alimentos macerados, ensartados en broquetas. El calor vivo los soasa, preservando su sabor y su melosidad. Estas recetas se realizan al horno, tanto si se trata de cocciones cortas (*tandoori*) como de cocciones largas (*dum*). Respete el tiempo de maceración que se indica en cada receta y sirva estos deliciosos asados acompañados de una ensalada, un chutney y variantes.

6 personas
Preparación: 40 min
Maceración: 12 h
Cocción: 10-15 min

1 pierna de cordero de 1,500 kg deshuesada y preparada
4 cuch. soperas de pasta de cebolla (p. 17)
3 cuch. soperas de pasta de jengibre (p. 17)
2 cuch. soperas de pasta de ajo (p. 17)
4 cuch. soperas de yogur (p. 20) escurrido
2 cuch. de postre de semillas de adormidera blancas
(o, en su defecto, negras)

[broquetas de cordero *tandoori*]

Especias molidas:
2 cuch. de café de cúrcuma
1 cuch. de café (o más, o menos) de guindilla roja
1 pizca de comino
1 pizca de asa fétida
1 pizca de nuez moscada rallada
1 cuch. de café de pimienta negra molida
2 cuch. soperas de cilantro

1 cuch. de postre de sal fina
ghee (p. 28) para la cocción

Corte la carne en cubos de 4-5 cm de lado. Mezcle las pastas aromáticas, el yogur, la cúrcuma, las semillas de adormidera y la guindilla. Pinche los cubos de carne con un tenedor y frótelos con la mezcla de especias. Déjelos una noche en la nevera.

Al día siguiente, saque la carne de la nevera 1 h antes. Mezcle la sal, el comino, la asa fétida, la nuez moscada y la pimienta. Ensarte la carne en unas broquetas de metal. Caliente el grill del horno o prepare las brasas para una barbacoa.

Ase las broquetas 3 min por cada lado untándolas con *ghee* a mitad de la cocción. Cuando la carne esté bien dorada, espolvoréela con cilantro y sal de especias, y deje asar hasta que la sal forme una costra. Sirva muy caliente con una ensalada y aros de cebolla macerados en un poco de vinagre.

[*naan*]

6 personas
Preparación: 30 min
Reposo: 2 h 30 min
Cocción: 10 min

20 g de levadura
de panadero fresca
3 cuch. soperas de leche
2 cuch. de café de azúcar
500 g de harina
1 pizca de bicarbonato
de sosa
1 cuch. de café de sal fina
15 cl de yogur (p. 20) batido
1 cuch. de café de semillas
de arañuela (*kalongi*)
1 cuch. sopera de *ghee*
(p. 28)

Diluya la levadura con la leche tibia y el azúcar. Deje descansar 10 min. Mezcle la harina, el bicarbonato y la sal, añada la levadura y el yogur. Mezcle con la mano, con un gesto circular que vaya del centro hacia el borde, añada agua tibia en muy pequeña cantidad, sin dejar de mezclar, hasta obtener una pasta flexible y elástica. Amase 10 min hasta que la pasta «rebote». Cúbrala con un trapo y deje que se levante 2 h en un lugar templado.

Precaliente el horno a 180 °C (t. 5-6). Divida la pasta en 6 trozos y aplánelos en óvalos con el rodillo; colóquelos en placas antiadherentes, espolvoréelos con semillas de arañuela. Con la yema de los dedos practique unas depresiones en toda la superficie de la pasta y moje con *ghee*. Deje descansar 20 min. Cueza 10 min al horno. Sirva caliente.

[*chapati*]

4-6 personas
Preparación: 15 min
Reposo: 30 min
Cocción: 1-2 min
por *chapati*

250 g de harina integral
(preferentemente molida
a la piedra)
1 cuch. de café de sal
ghee (p. 28)

Mezcle la harina y la sal. Añada 1 cucharada sopera de *ghee* líquido y un poco de agua (la cantidad de agua varía según la harina), incorpórelas con la mano, removiendo del centro hacia los bordes; repítalo hasta obtener una pasta firme, flexible y elástica. Amase mucho, 10-15 min. Tape con un trapo y deje descansar 30 min.

Amase antes de separar la pasta en bolas del tamaño de un huevo. Caliente una crêpetera a fuego medio. Espolvoree con harina la superficie de trabajo, tome una bola y extiéndala con el rodillo para formar una torta redonda y muy fina. Colóquela en la crêpetera. En cuanto se formen burbujas en la superficie, dele la vuelta. Al cabo de 1 min, dele un cuarto de vuelta y apriete un poco sobre la circunferencia.

Levante la torta con la ayuda de unas pinzas y sosténgala sobre una llama de gas para que la pasta se hinche. Manténgala caliente (en el horno suave envuelta en papel de aluminio) y haga lo mismo con el resto de la pasta.

Sírvalas calientes, mojadas con *ghee*.

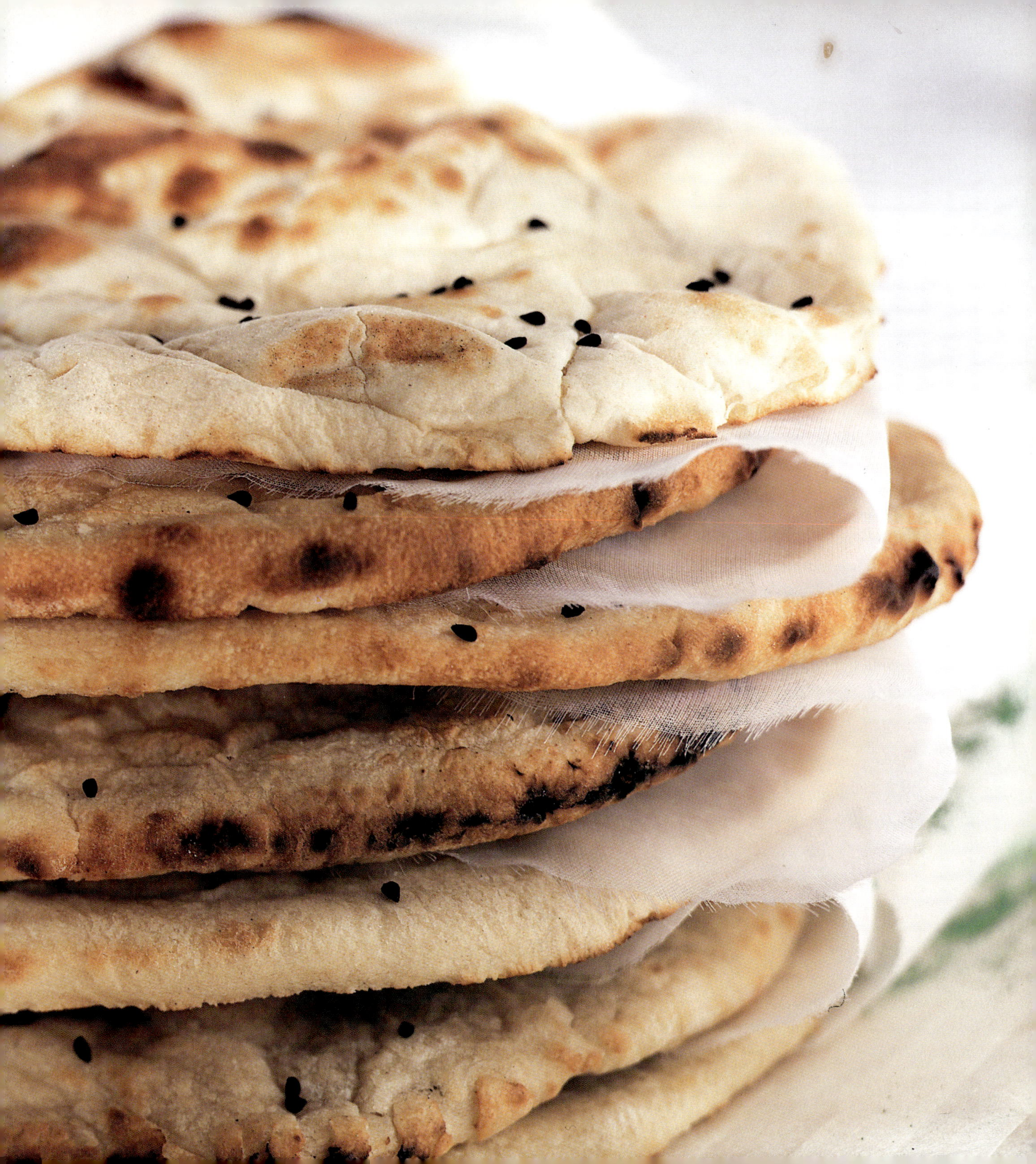

[pollo *tandoori* con salsa de tomate y mantequilla]

Es el plato fetiche de la cocina de Delhi y exige cierta organización. El pollo *tandoori* debe sacarse del horno cuando todos los ingredientes del plato estén ya reunidos. Lo mejor es preparar la salsa de antemano, mantenerla caliente y añadir el pollo una vez esté listo.

Prepare el pollo *tandoori* (p. 37).

Envuelva las especias enteras en un trapo doblado y golpéelas con un mazo para aplastarlas sin reducirlas a polvo. Viértalas en un bol.

Caliente el *ghee* en una olla, añada las especias machacadas, fría 2 min (sin inclinarse sobre el recipiente, las especias tienden a saltar), luego añada las pastas aromáticas. Reduzca y dórelo levemente 5-8 min, rascando bien el fondo de la olla con una espátula de madera. Añada los tomates triturados, remueva bien, tape y deje cocer 30 min a fuego bajo, removiendo de vez en cuando. Mantenga la salsa caliente mientras el pollo se cuece.

Cuando el pollo *tandoori* esté listo, déjelo reposar 5 min fuera del horno, córtelo en porciones individuales y añádalo a la salsa. Caliéntelo removiendo suavemente, lleve a ebullición, tape y deje cocer 25 min a fuego bajo. Levante la tapa y reduzca casi por completo la salsa. Fuera del fuego, añada la mantequilla fresca cortada en trozos. Remueva las porciones de pollo en la salsa. Sirva caliente con un arroz basmati al azafrán (p. 68).

---

4 personas
Preparación: 40 min
Cocción: 55 min

1 receta de pollo *tandoori* (p. 37)

Especias enteras:
1 bastoncito de canela desmenuzado
las semillas de 6 cardamomos verdes
8 clavos
1 cuch. de café de granos de pimienta negra
2 hojas de laurel troceadas
1 guindilla roja seca y sin las semillas

3 cuch. soperas de *ghee* (p. 28) o de aceite vegetal
6 cuch. soperas de pasta de cebolla (p. 17)
3 cuch. soperas de pasta de ajo (p. 17)
2 cuch. soperas de pasta de jengibre (p. 17)
1 lata de tomate al natural o 1 kg de tomates muy maduros, pelados, sin semillas y chafados
80 g de mantequilla fresca

[pollo *tandoori*]

4-6 personas
Preparación: 30 min
Maceración: 4 h 30 min
Cocción: unos 25 min

2 pollos jóvenes de granja, cortados en dos
el zumo de 1 lima
10 cl de yogur (p. 20) escurrido
10 cl de nata líquida, espesa

Especias molidas:
1 cuch. de café (o menos) de guindilla roja
1 cuch. de café de comino
1 pizca de azafrán
1/2 cuch. de café de *garam masala* (p. 16)

3 cuch. de café de pasta de ajo (p. 17)
2 cuch. de café de pasta de jengibre (p. 17)
1/2 cuch. de café de *garam masala* para decorar
ghee (p. 28) o aceite para la cocción
sal fina

Con un cuchillo, practique incisiones profundas en la carne de los pollos. Mezcle la guindilla molida, la sal y el zumo de lima y frote cuidadosamente los pollos con la mezcla. Deje reposar 30 min.

Bata el yogur con la nata y el resto de los ingredientes. Unte toda la superficie del pollo con la mezcla. Deje macerar 4 h en un lugar fresco (o toda la noche en la nevera).

Precaliente el grill del horno o prepare unas brasas para la barbacoa.

Ponga los trozos de pollo en una rejilla colocada sobre una fuente para asar y cuézalos bajo el grill, no muy cerca de la fuente de calor (o a la barbacoa), 10 min por cada lado. Saque del horno, úntelo con *ghee* o aceite y deje cocer 3-4 min más.

Sírvalo espolvoreado de *garam masala*, con panes indios, distintos chutneys y rodajas de cebolla y tomate.

[*raita* de verduras]

Bata el yogur, incorpore los cubos de tomate, pepino y cebolla. Añada un poco de pasta de guindilla o guindilla verde picada. Deje 1 h en la nevera. Justo antes de servir, tueste un poco las especias en la sartén seca, redúzcalas a polvo y vierta el yogur en círculos concéntricos.

Este condimento también puede aromatizarse con frutas. Proceda del mismo modo incorporando al yogur batido 2 cucharadas soperas de mango fresco, de piña y de plátano cortados en trozos muy pequeños. Añada 2 cucharadas soperas de cilantro fresco picado y espolvoree con especias molidas: comino, guindilla roja o pimienta negra, semillas de cardamomo verde.

Obtendrá un *raita* a la menta batiendo el yogur con 1/2 cucharada de café de comino molido y 5 cucharadas soperas de hojas de menta fresca picadas fino. Decórelo con un delgado círculo de guindilla roja molida o páprika.

4 personas
Preparación: 20 min
Refrigeración: 1 h

60 cl de yogur (p. 20)
2 cuch. soperas de tomate pelado, sin semillas, cortado en cubos muy pequeños
2 cuch. soperas de pepino cortado en cubos muy pequeños
2 cuch. soperas de cebolla picada
1/4 de cuch. de café de pasta de guindilla verde (p. 17)
o 1-2 guindillas verdes frescas, sin las semillas y picadas fino.

Especias enteras:
1/2 cuch. de café de pimienta negra en grano
1 cuch. de café de semillas de cilantro
1 cuch. de café de semillas de comino

[pollo *tikka*]

6 personas
Preparación: 30 min
Maceración: 3 h 15 min
Cocción: unos 15 min

2 cuch. soperas de pasta de ajo y 2 cuch. soperas de pasta de jengibre (p. 17)
1 kg de pollo deshuesado, cortado en cubos
1 huevo batido
4 cuch. soperas de cheddar rallado
1 cuch. de café (o más) de pasta de guindilla verde (p. 17)

Especias molidas:
1 cuch. de café de pimienta blanca molida, 1/2 cuch. de café de nuez moscada, 4 cuch. soperas de cilantro fresco picado
+ algunas hierbas aromáticas

2 cuch. de café de maicena
2 cl de nata líquida
aceite vegetal, sal

Mezcle las pastas de ajo y jengibre, la sal y la pimienta blanca. Frote bien con la mezcla los cubos de pollo y deje descansar 15 min. Mezcle el huevo batido, el queso, la pasta de guindilla verde, la nuez moscada, el cilantro picado, la maicena y la nata. Unte el pollo con este segundo preparado. Deje en maceración 3 h, por lo menos, en la nevera.
Precaliente el horno a 180 °C (t. 5-6) y saque el pollo de la nevera 15 min antes.
Ensarte los cubos de pollo en broquetas metálicas. Cuézalos al horno 5-8 min en una rejilla, sobre una hoja de papel de aluminio, luego sáquelos. Deje reposar 3 min, colocados verticalmente, para que eliminen el exceso de líquido, unte luego con aceite vegetal y vuelva a poner al horno 3 min.
Sirva enseguida, guarnecido con cilantro y acompañado de una ensalada de tomates y cebollas dulces y un chutney de hierbas (p. 26).

[jarretes al horno]

Con un tenedor, pinche abundante y profundamente los jarretes de cordero en toda su superficie. Mezcle las pastas de ajo y de jengibre, las especias molidas, la sal y la maicena. Frote los jarretes con esta mezcla y déjelos en maceración 2 h a temperatura ambiente.

Precaliente el horno a 150 °C (t. 3-4).

Caliente el aceite en una olla de hierro, fría las especias enteras hasta que crepiten. Añada los jarretes y dórelos por todos lados 10-15 min.

Añada 15 cl de agua, remueva, tape, ponga la olla al horno y deje cocer 1 h 30 min, hasta que la carne esté tierna. Retire los jarretes, reduzca la salsa a fuego vivo hasta que esté bien concentrada. Viértala sobre los jarretes y sirva calientes con cuartos de limón, un arroz y una ensalada de tomates y cebollas dulces.

---

4 personas
Preparación: 30 min
Maceración: 2 h
Cocción: 1 h 40 min

4 jarretes de cordero
2 cuch. soperas de pasta de ajo (p. 17)
2 cuch. soperas de pasta de jengibre (p. 17)

Especias molidas:
1/2 cuch. de café de guindilla roja
3 cuch. de café de *garam masala* (p. 16)
1 cuch. de café de sal fina
1/2 cuch. de café de maicena

Especias enteras:
3 hojas de laurel
3 bastoncitos de canela
las semillas de 8 cardamomos verdes
2 cuch. soperas de aceite vegetal

[pescado *tikka*]

Lave y seque los filetes de pescado (dorada, salmón, rape, pez espada, etc.), córtelos en cubos grandes. Sálelos y mójelos con el zumo de lima. Deje reposar 30 min.

Mezcle el yogur escurrido y el resto de los ingredientes; bata bien. Envuelva con la pasta los cubos de pescado. Deje macerar, por lo menos, 1 h al fresco.

Precaliente el horno a 220 °C (t. 7).

Ensarte los cubos de pescado en broquetas metálicas, póngalas en una fuente para asar, con los extremos descansando en los bordes. Cueza 3 min al horno. Píntelos con *ghee*, deje cocer unos minutos más hasta que los cubos de pescado estén bien dorados.

Sirva muy caliente acompañado de chutney de hierbas (p. 26) y arroz.

---

6 personas
Preparación: 15 min
Maceración: 1 h 30 min
Cocción: 7-10 min

1 kg de pescado de carne firme, en filetes
el zumo de 1/2 lima
12 cl de yogur (p. 20)
1 cuch. sopera de vinagre de vino blanco

Especias molidas:
1 cuch. sopera de *garam masala* (p. 16), 2 cuch. de café de comino, 1 pizca de guindilla roja, 1/2 cuch. de café de semillas de apio de montaña (*ajowan*) machacadas.

2 cuch. de café de pasta de ajo (p. 17)
ghee (p. 28) sal fina

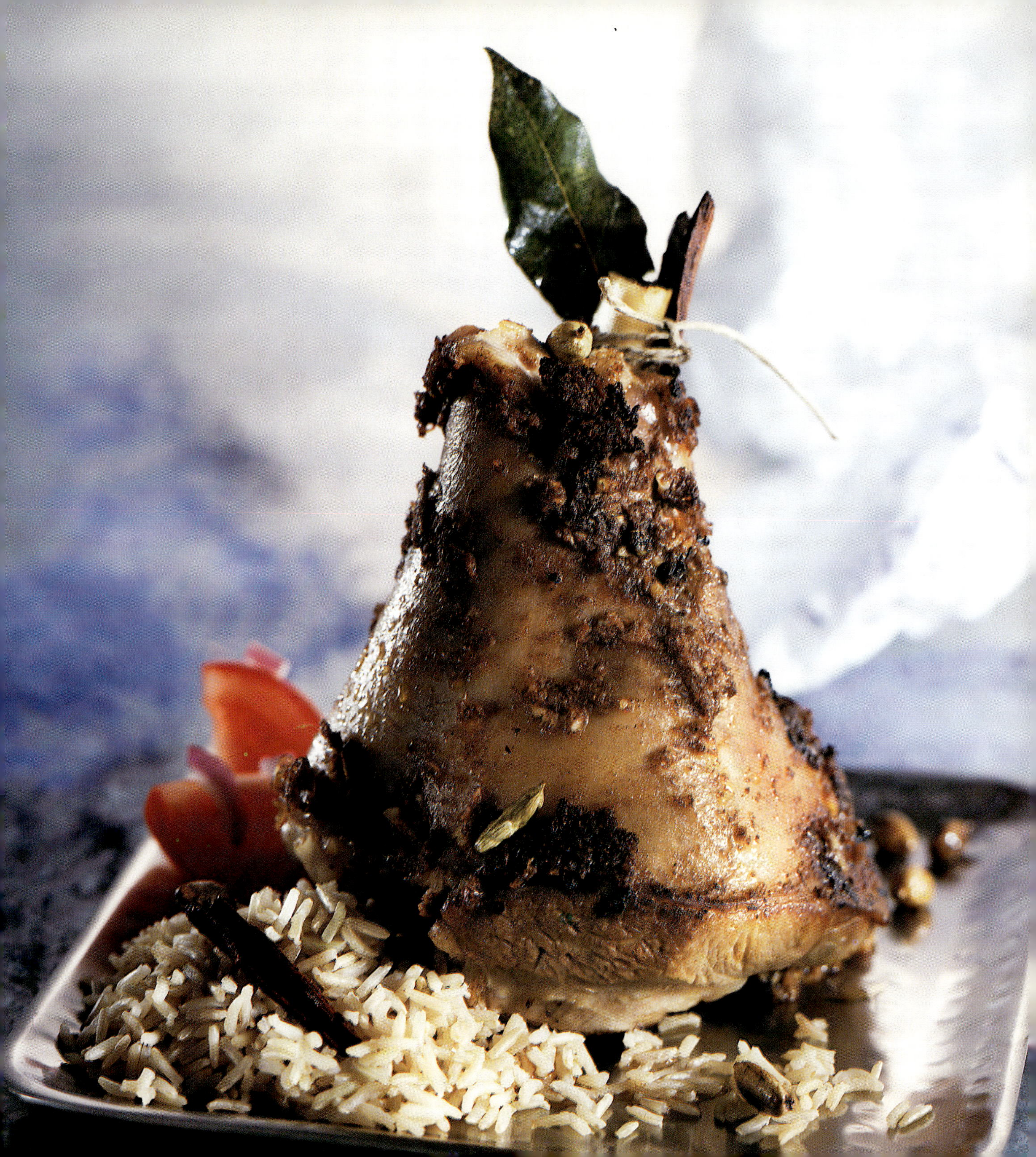

La preparación de esta receta es un poco delicada, pero a sus invitados les encantará el resultado. Es más bien un *dum* (cocción a fuego bajo) que un verdadero *tandoori*. Si el pollo no se ha dorado lo suficiente, prolongue la cocción unos diez minutos.

[muslos de pollo rellenos *tandoori*]

4 personas
Preparación: 25 min
Maceración: 45 min
Cocción: 40 min

8 muslos de pollo de granja
1 cuch. de café de pimienta blanca molida
2 cuch. de café de pasta de ajo (p. 17)
1 cuch. de café de pasta de jengibre (p. 17)
5 cuch. soperas de yogur (p. 20) escurrido
1/2 guindilla verde fresca, picada fino
2 cuch. soperas de cilantro fresco picado fino
1 cuch. de café de comino molidas
1 cuch. sopera de nuez de cajú fileteada
2 cuch. soperas de nata líquida
1 cuch. sopera de *ghee* (p. 28)
2 cuch. de café de maicena
1 cuch. sopera de parmesano rallado
sal

Con un cuchillo afilado, abra los muslos de pollo por un lado, comenzando por el extremo más grueso y sin llegar al lado opuesto. Separe el hueso hasta la parte inferior y secciónelo con un golpe seco de cuchilla. Extienda la carne, frótela con la pimienta, la pasta de ajo, la pasta de jengibre y un poco de sal. Deje reposar 30 min.

Mezcle el yogur, la guindilla, el cilantro, el comino y la nuez de cajú fileteada. Rellene los muslos de pollo, moldéelos para que recuperen su forma y sujete la abertura con palillos. Deje reposar 15 min. Precaliente el horno a 180 °C (t. 5-6).

Mezcle la nata, el *ghee*, la maicena, el parmesano y un poco de sal. Unte regularmente con la mezcla los muslos rellenos. Cueza al horno 30 min, aumente luego el calor a 260 °C (t. 8-9) y deje que se doren 10 min, mojando regularmente con el jugo de cocción y dando la vuelta a los muslos dos o tres veces.

Sirva caliente con una ensalada y un chutney de hierbas (p. 26).

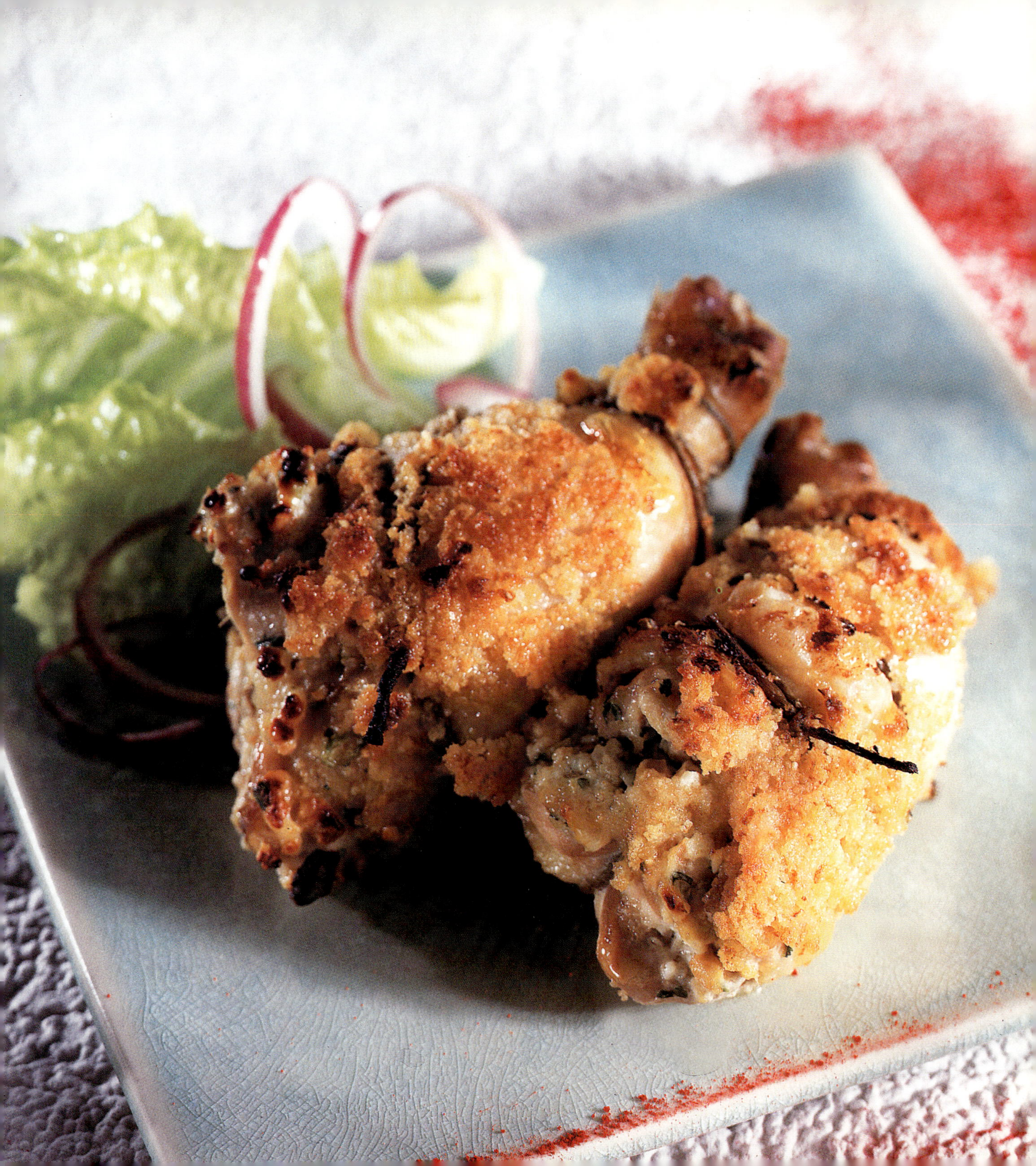

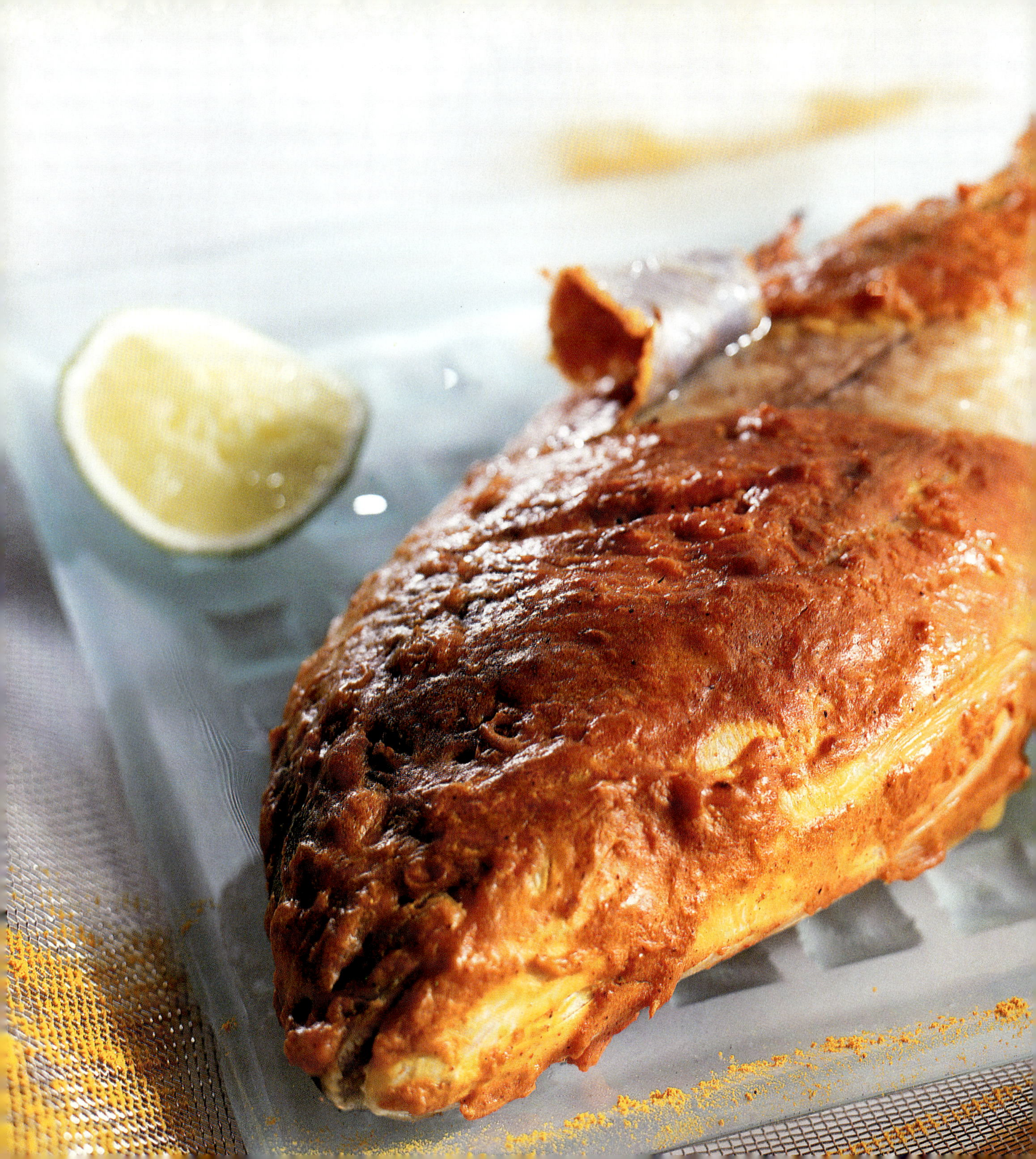

[pescado entero *tandoori*]

4 personas
Preparación: 30 min
Maceración: unas 4 h
Cocción: 15-20 min

4 doradas reales de 400 g cada una, descamadas y vaciadas
4 cuch. soperas de yogur (p. 20) escurrido
2 yemas de huevo
3 cuch. soperas de nata líquida
3 cuch. soperas de pasta de jengibre (p. 17)
3 cuch. soperas de pasta de ajo (p. 17)
2 cuch. de café de semillas de apio de montaña (*ajowan*) o de hinojo

Especias molidas:
1 cuch. de café de pimienta blanca molida
1/2 cuch. de café de guindilla roja
1 cuch. de café de cúrcuma
2 cuch. de café de comino

2 cuch. soperas de harina de garbanzos (*besan*)
el zumo de 1/2 limón
ghee (p. 28) para la cocción
algunos cuartos de lima para adornar

Lave y seque los pescados, practique 3 incisiones en cada lado. Mezcle el yogur, las yemas de huevo y todos los demás ingredientes, con esta pasta unte bien los pescados por ambos lados y deje macerar al fresco 3-4 h (o toda la noche si lo desea).

Precaliente el horno, encienda a la vez el grill y la llama de abajo.

Coloque los pescados en una rejilla sobre una fuente, ponga al horno, pero no muy cerca del grill (algo más abajo de la mitad), deje cocer 8 min. Dé la vuelta a los pescados, mójelos con un poco de *ghee* y deje cocer 7-10 min más.

Sirva enseguida con los cuartos de lima.

[chutney de tomate agridulce]

Pele los dientes de ajo y el rizoma de jengibre y pique groseramente este último. Ponga el ajo, el jengibre y un poco de vinagre en el recipiente de una batidora y redúzcalos a una pasta fina. Reserve.

En una olla de hierro esmaltada, ponga los tomates y su líquido, el resto del vinagre, la sal, el azúcar y la guindilla. Lleve a ebullición, luego añada el contenido de la batidora. Cubra, reduzca el fuego y deje cocer 1 h-1 h 30 min, removiendo de vez en cuando, hasta que el chutney esté muy espeso, debe pegarse a la cuchara. Remueva con mayor frecuencia a medida que vaya espesándose y no dude en reducir el fuego al mínimo para evitar que se queme. 5 min antes de finalizar la cocción, añada las almendras y las pasas.

Retire del fuego, deje entibiar y vierta en el tarro.

Este chutney se conserva meses en la nevera y acompaña muy bien las carnes asadas y las carnes frías, aunque es delicioso con cualquier plato.

---

4 personas
(un tarro de 500 g)
Preparación: 20 min
Cocción: 1 h 30 min
aproximadamente

1 cabeza de ajos
5 cm de jengibre fresco
35 cl de vinagre de vino
1 lata grande de tomates enteros pelados al natural
2 cuch. de café rasas de sal
350 g de azúcar en terrones
1/2 cuch. de café (o menos) de guindilla roja molida
2 cuch. soperas de almendras fileteadas
2 cuch. soperas de pasas de Esmirna

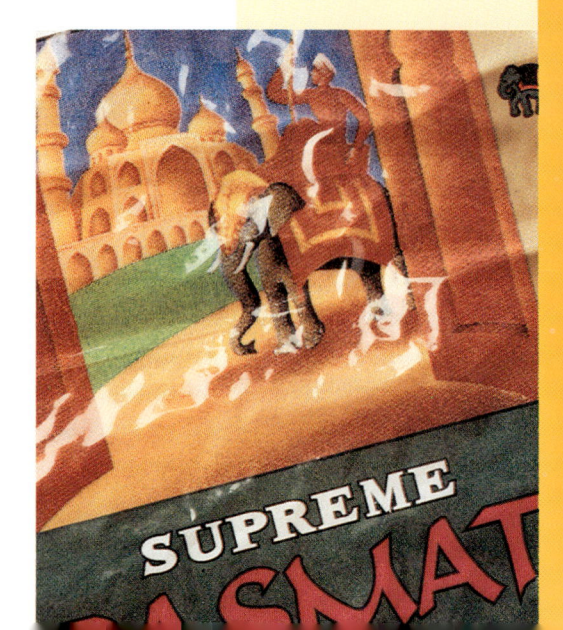

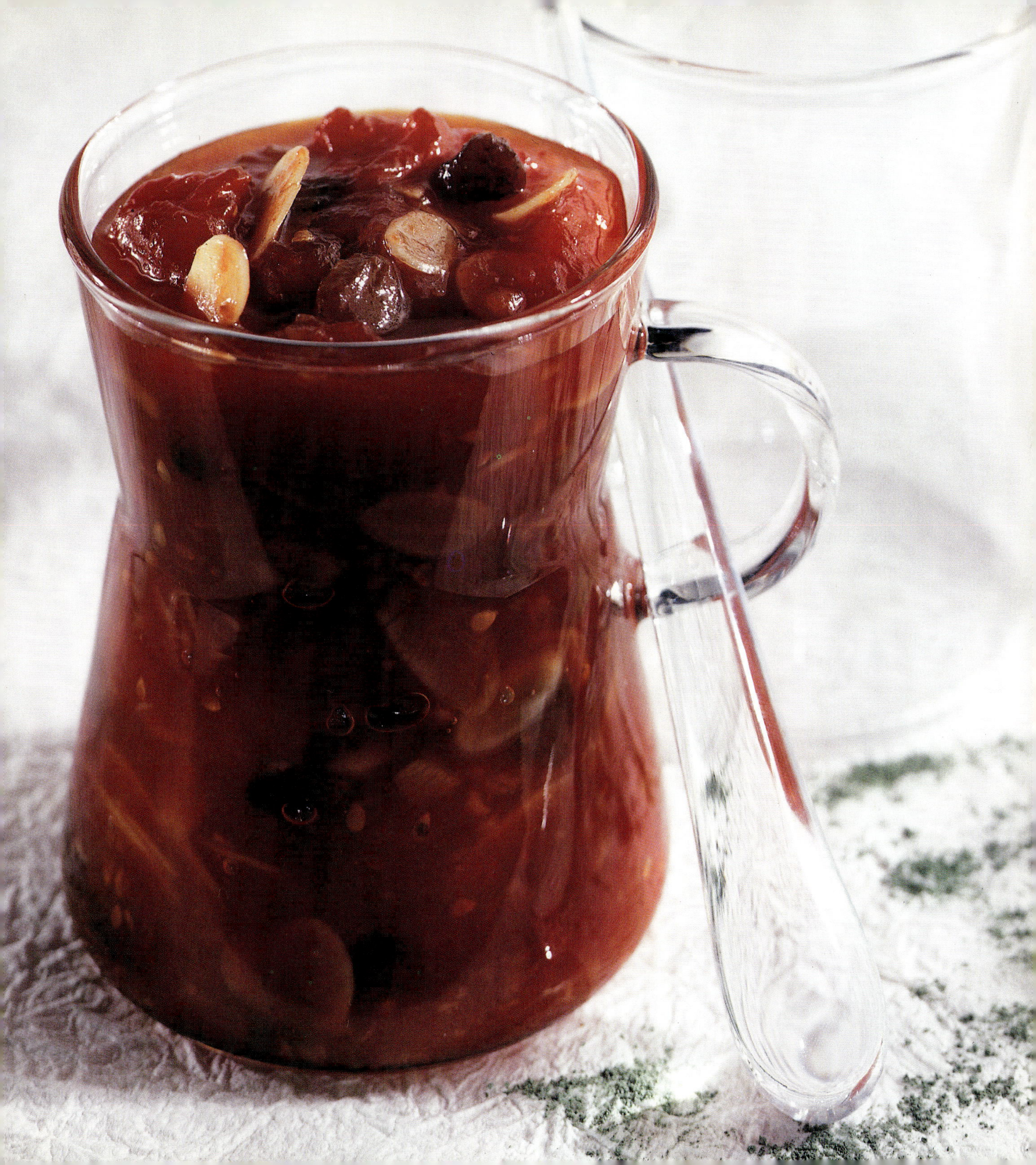

[costillas o espalda de cordero a la mongola]

Si prepara una espalda de cordero, pínchela abundante y profundamente por todas sus caras con un tenedor. Mezcle las pastas de ajo y de jengibre, el zumo de lima, la sal y la pimienta y unte con ella la carne frotando bien e insistiendo en los huecos y los intersticios. Deje macerar 2 h al fresco o a temperatura ambiente, si no hace mucho calor.

Bata juntos el yogur, el cardamomo y el *garam masala*. Unte la carne con esta segunda mezcla. Tape y deje reposar 1 h más.

Precaliente el horno a 180 °C (t. 5-6) para las costillas de cordero, o a 250 °C (t. 8) para una espalda. Cuando esté caliente, ponga la carne en la rejilla de una fuente para horno y cueza las costillas 10 min, deles la vuelta a media cocción; soase la espalda 8 min, luego reduzca la temperatura a 180 °C (t. 5-6) y deje cocer 15-20 min más, según el grado de cocción deseado. En ambos casos, moje con *ghee* varias veces durante la cocción.

Sirva caliente con una ensalada, un arroz y un *dal* (plato de lentejas); deje reposar la espalda 10 min antes de cortarla.

---

4 personas
Preparación: 25 min
Maceración: 3 h
Cocción:
10-12 min (costillas),
35-40 min (espalda)

8 costillas de cordero preparadas o 1 espalda de cordero lechal de 1 kg, preparada y parcialmente deshuesada (conserve el hueso)
3 cuch. soperas de pasta de jengibre (p. 17)
3 cuch. soperas de pasta de ajo (p. 17)
1 cuch. de café de sal
el zumo de 1 lima

Especias molidas:
1 cuch. de café de pimienta negra recién molida
2 cuch. soperas de semillas de cardamomo verde, finamente molidas
3-4 cuch. de café de *garam masala* (p. 16)

80-100 g de yogur (p. 20) escurrido
ghee (p. 28))

[gambas *tandoori*]

4 personas
Preparación: 20 min
Maceración: 2 h por lo menos
Cocción: 15-17 min

1 cuch. sopera de pasta de jengibre (p. 17)
1 cuch. sopera de pasta de ajo (p. 17)
el zumo de 1/2 limón
12 gambas muy grandes, descongeladas y peladas
25 cl de yogur (p. 20) escurrido
2 cuch. soperas de harina de garbanzos (*besan*)
1 cuch. de café de semillas de apio de montaña (*ajowan*) o de hinojo

Especias molidas:
1/2 cuch. de café de guindilla roja
1/2 cuch. de café de cúrcuma
1 cuch. de café de *garam masala* (p. 16)

aceite vegetal, sal fina

Mezcle las pastas de ajo y de jengibre y la mitad del zumo de limón, frote con ella las gambas y reserve.

Mezcle el yogur, la harina, un poco de sal y todas las especias en una fuente honda y macere en la mezcla las gambas 2 h, en la nevera.

Precaliente el horno 20 min a 180 °C (t. 5-6).

Ensarte las gambas con precaución en broquetas metálicas y cuézalas 12 min al horno. Retire las broquetas, escúrralas 3 min, úntelas de aceite y vuélvalas a poner 3-5 min al horno, hasta que estén bien doradas.

Sirva caliente con una ensalada, moje con el resto del zumo de limón.

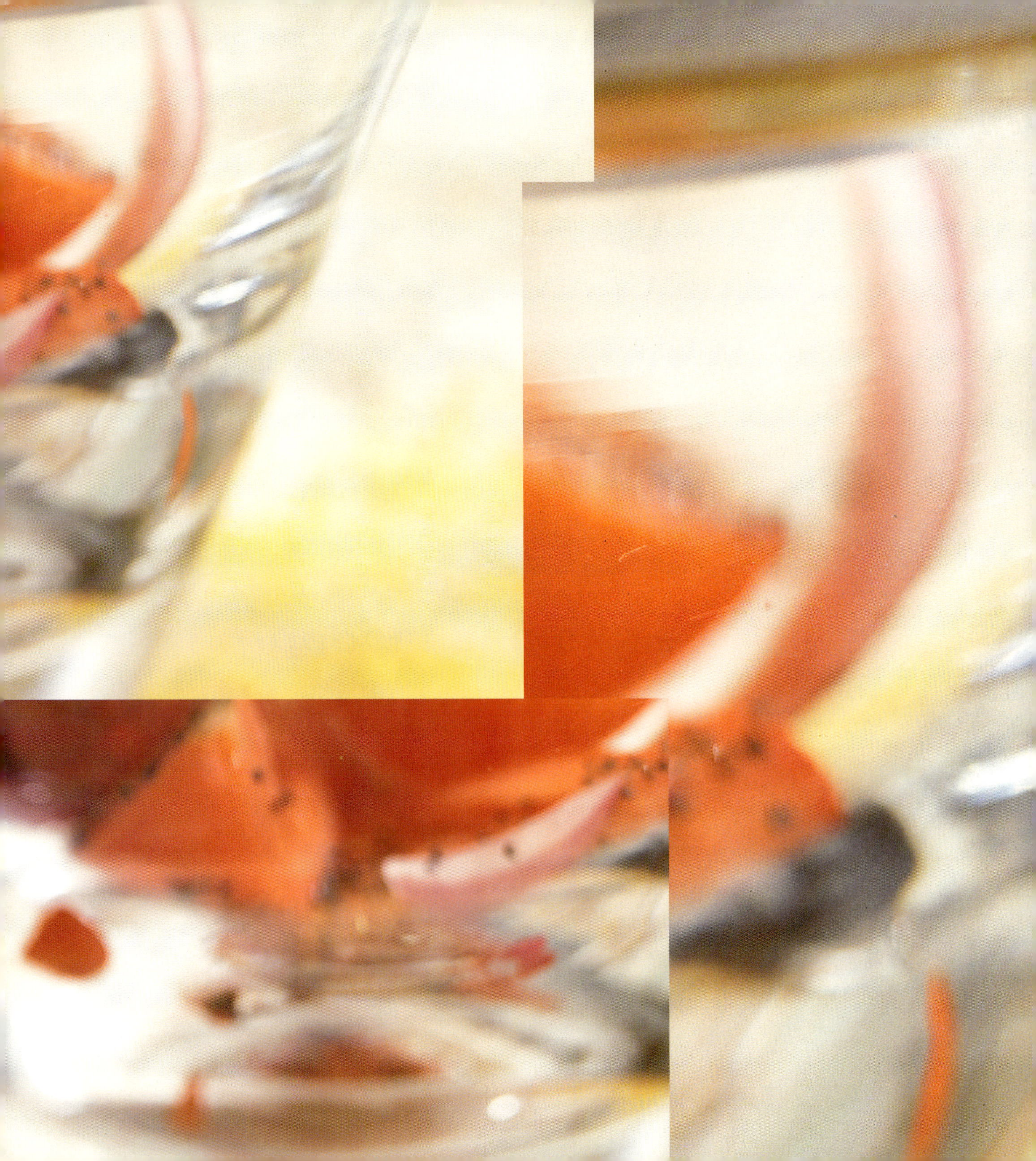

curries y *baltis*

curries y *baltis*

el arte del curry

El término «curry» designa, de un modo general, un plato estofado, aromatizado con una mezcla de especias particular para cada receta (¡jamás utilice curry molido!). En realidad abarca varias técnicas: el *korma*, típico del norte de la India, al que se añade nata, yogur y almendras. El *balti* se soasa y cuece a la brasa en un *karhai*, una especie de wok. Los curries del sur de la India son bastante líquidos y picantes.

4 personas
Preparación: 30 min
Cocción: 35 min

1 pizca de hebras
de azafrán
1 cuch. sopera de leche caliente

Especias enteras:
2 hojas de laurel
6 clavos
6 cápsulas de cardamomo
verde

3 cuch. soperas de *ghee* (p. 28)
4 cuch. soperas de pasta
de cebolla (p. 17)
2 cuch. soperas de pasta
de ajo (p. 17)
2 cuch. soperas de pasta de
jengibre (p. 17)

[curry de pollo al azafrán]

Especias molidas:
1 cuch. de café de cilantro
2 cuch. soperas de almendras molidas
3 cuch. soperas de nuez de cajú molidas
1 cuch. de café de pimienta negra

800 g de muslos de pollo deshuesados (optativo) y cortados en trozos
25 cl de yogur (p. 20) batido
20 cl de nata líquida
cilantro fresco cortado con tijera
sal

Tueste el azafrán en seco 1 min aproximadamente, hasta que desprenda aroma. Trocéelo en la leche, reserve.

En una olla de hierro, rehogue las especias enteras 5 min con *ghee*. Añada las pastas aromáticas y remueva bien 10 min a fuego medio. Añada entonces el cilantro, las almendras y el cajú molidos, y remueva 2 min a fuego medio.

Añada los trozos de pollo y siga removiendo 3 min más. Incorpore el yogur y la nata, sale a voluntad, añada la pimienta negra y la leche azafranada. Mezcle con cuidado. Reduzca el fuego, tape y deje cocer, poco a poco, unos 25 min, hasta que el pollo esté cocido. (Si el pollo no está deshuesado, la cocción es algo más larga.)

Sirva adornado con cilantro fresco cortado con tijera y un plato de arroz o un pan indio.

[cordero encebollado]

Abra las guindillas, quíteles las semillas y píquelas fino, o desmenúcelas si están secas. Mezcle la guindilla, el comino y el yogur. Con esta mezcla frote bien la carne y déjela macerar a temperatura ambiente.

Mientras tanto, pele las cebollas, corte la mitad en rodajas finas y pique el resto. Caliente el *ghee* en una olla grande y fría la cebolla picada y el jengibre a fuego medio, unos 30 min, removiendo con frecuencia: deben tomar un color uniforme. En cuanto empiecen a dorarse, remueva más a menudo y vigile la cocción. Cuando estén dorados, añada 2 cucharadas soperas de agua y siga removiendo. Deje evaporar. Repita la operación dos veces más y fría las cebollas removiendo hasta que se hayan caramelizado, con un hermoso color pardo, procurando sobre todo que no se quemen. Sáquelas y póngalas en un bol dejando el *ghee* en la olla; cháfelas para recuperar la mayor cantidad de *ghee* posible.

Caliente el *ghee*, rehogue la carne 5 min. Añada el fenogreco, las cebollas en rodajas y la menta. Remueva 5 min, añada la cúrcuma, el cilantro, el zumo de limón y las hojas de *kari*. Vierta unos 20 cl de agua, sale a voluntad, remueva bien y tape la olla. Deje cocer 1 h 30 min a fuego muy bajo (o a horno medio, 150 °C, t. 3-4).

Destape la olla, espolvoree con *garam masala*. Añada la cebolla picada reservada y mezcle. Tape de nuevo, deje cocer 15 min a fuego muy bajo o a horno suave. Sirva con arroz y un *raita* (p. 38).

---

6 personas
Preparación: 45 min
Cocción: 2 h 15 min

1-2 guindillas rojas frescas o secas

Especias molidas:
1 cuch. sopera de comino
2 cuch. de café de fenogreco
2 cuch. soperas de cilantro
3 cuch. de café de cúrcuma
2 cuch. de café de *garam masala* (p. 16)

2 cuch. soperas de yogur (p. 20) escurrido
1 espalda de cordero de 1 kg, cortada en 12 trozos
1 kg de cebollas
100 g de *ghee* (p. 28)
2 cuch. soperas de pasta de jengibre (p. 17)
4 cuch. soperas de hojas de menta fresca, cortadas finas
el zumo de 1 limón grande o de 2 limas
1 cuch. de café de hojas de *kari*
sal

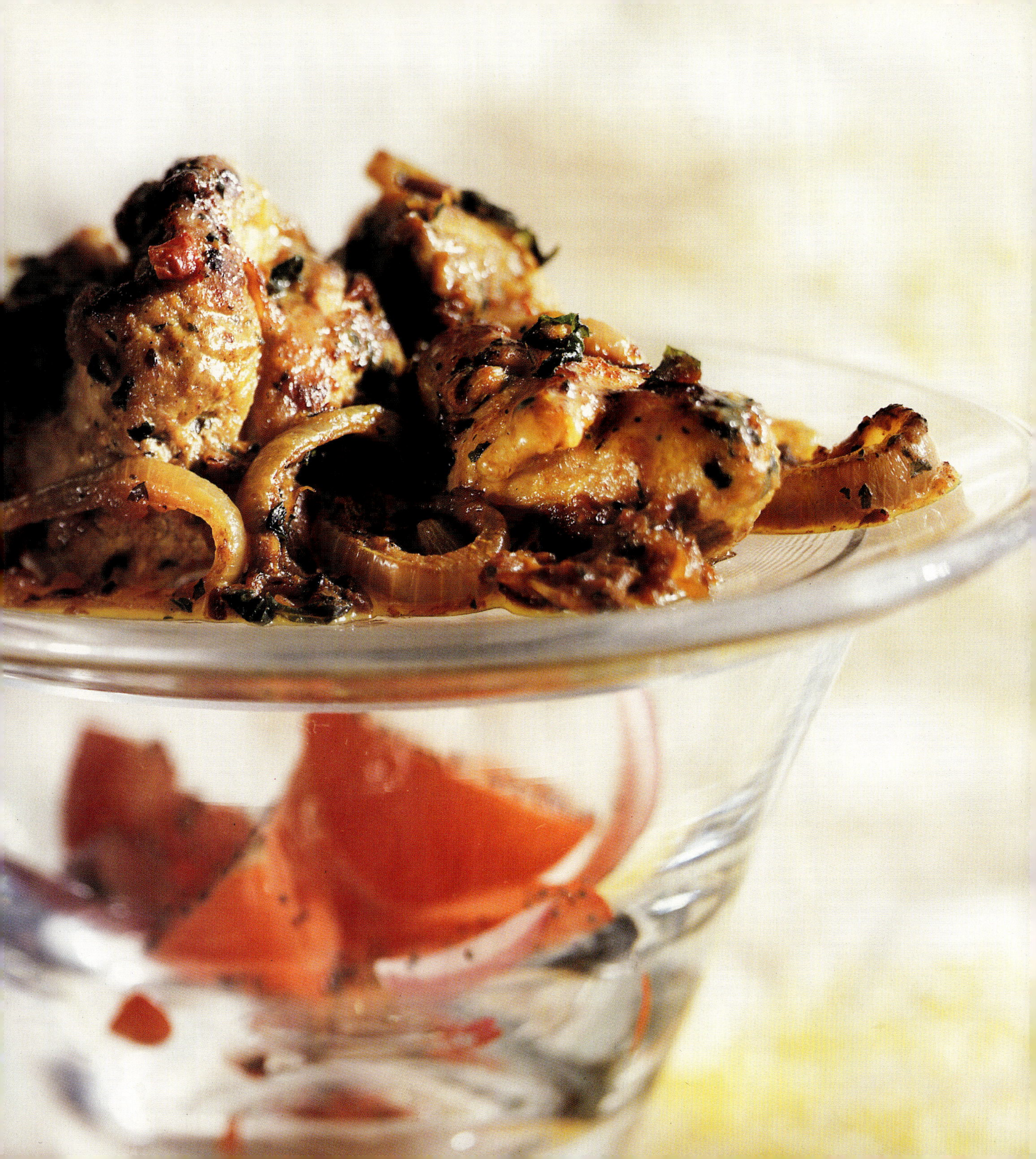

[curry de pollo al yogur]

Bajo el grill del horno, ase el pimiento rojo sobre una hoja de papel de aluminio, y vaya dándole la vuelta a medida que la piel se ennegrezca. Cuando esté asado en toda su superficie, sáquelo del horno, envuélvalo en el papel de aluminio y deje que se entibie 20 min. Pélelo, quítele las semillas y los filamentos interiores, reserve la pulpa. Pinche abundantemente los trozos de pollo con un tenedor muy puntiagudo.

En el recipiente de una batidora, ponga la pulpa de pimiento, la pasta de ajo, la páprika, la pasta de jengibre, las guindillas verdes y sal. Conviértalo todo en una pasta fina, añada el yogur, siga mezclando unos instantes. Vierta esta pasta sobre los trozos de pollo y úntelos bien. Cubra con film transparente y deje macerar 12 h en la nevera, removiendo 2 o 3 veces.

Al día siguiente, saque el pollo de la nevera 1 h antes. Lave, seque el cilantro, desmenúcelo. Caliente a fuego vivo una olla de hierro grande hasta que esté ardiendo. Vierta de una sola vez el pollo y su marinada (sin salpicarse); esta operación debe producir vapor. Añada el cilantro y, eventualmente, el cajú molido, tape de inmediato y cueza 5 min a fuego vivo. Reduzca el fuego y deje cocer, poco a poco, unos 30 min, hasta que el pollo esté tierno y el yogur se haya reducido mucho.

Añada el *ghee*, remueva 10 min a fuego bajo para que el pollo quede bien cubierto de salsa. Sirva con un arroz basmati a la afgana (p. 66).

4-6 personas
Preparación: 1 h
Maceración: 12 h
Cocción: 45 min

1 pimiento rojo grande
o 2 medianos
1 pollo de 1,500 kg cortado
en 8 trozos
6 cuch. soperas de pasta
de ajo (p. 17)
1 cuch. de café de páprika
2 cuch. soperas de pasta
de jengibre (p. 17)
2-3 guindillas verdes,
sin las semillas y chafadas
40 cl de yogur (p. 20)
algo escurrido
1 manojo de cilantro fresco
2 cuch. soperas de nuez
de cajú molida (optativo)
4 cuch. soperas de *ghee*
(p. 28)
sal fina

curries y *baltis*

[curry de cordero con espinacas]

6 personas
Preparación: 1 h 15 min
Cocción: 1 h 30 min

300 g de espinacas frescas
1 buen manojo de cilantro fresco
6 ramas de menta fresca
1 cuch. sopera de nueces de cajú
2 tomates
4 cuch. soperas de *ghee* (p. 28) o de aceite vegetal

Especias enteras:
3 cuch. soperas de semillas de adormidera, blancas o negras
6 clavos
las semillas de 8 cardamomos verdes
10 granos de pimienta negra

4 cuch. soperas de pasta de cebolla (p. 17)
1 cuch. sopera de pasta de jengibre (p. 17)
1 cuch. sopera de pasta de ajo (p. 17)
1 kg de espalda de cordero cortada en 12 trozos
1/2 cuch. de café (o más) de guindilla roja molida
sal

Remoje 30 min las nueces de cajú y las semillas de adormidera, en un poco de agua caliente. Redúzcalas a una pasta fina y reserve.

Limpie las espinacas, lávelas cuidadosamente, séquelas bien. Lave y seque bien las hojas de cilantro y de menta. Sumerja las espinacas 30 segundos en agua hirviendo salada, escúrralas, prénselas y déjelas entibiar. Póngalas en el recipiente de una batidora con la menta y el cilantro, redúzcalo todo a una pasta y reserve.

Pele los tomates tras haberlos sumergido unos segundos en agua hirviendo, chafe su pulpa. Caliente el *ghee* en una olla de hierro y fría unos instantes los clavos y el cardamomo. Añada las pastas aromáticas, fría 5 min removiendo bien. Añada el cordero y rehogue a fuego medio, sin dejar de remover, hasta que la carne quede bien envuelta en especias. Añada los tomates, la guindilla molida, los granos de pimienta y sale. Cueza 2 min más removiendo, mójelo entonces con 25 cl de agua, lleve a ebullición y deje cocer suavemente, unos 20 min, destapado, hasta la completa evaporación del agua. Añada la pasta de cajú y de adormidera, así como las espinacas.

Mezcle bien, tape y deje cocer más o menos 1 h a fuego muy bajo, hasta que el cordero esté tierno. Sirva muy caliente con arroz o panes indios.

curries y *baltis*

[curry de pescado al yogur]

Unte los trozos de pescado con una pasta hecha con el zumo de lima, un pizca de cúrcuma y la mitad de la sal. Deje reposar 15 min. Caliente el *ghee* en una sartén antiadherente. Dore el pescado por ambas caras, escúrralo y reserve.

En el *ghee* que queda en la sartén, fría los granos de mostaza y las hojas de *kari* unos instantes, añada la pasta de jengibre, la cebolla picada y cueza a fuego medio hasta que la cebolla esté tierna. Añada entonces los tomates y reduzca a fuego medio hasta que el *ghee* se separe de la salsa. Ponga entonces la guindilla roja, el comino, el cilantro, el resto de la sal y la cúrcuma. Remueva 1 min, luego incorpore con cuidado el yogur, removiendo bien. Deje que se reduzca 7 min a fuego bajo o medio. Añada el pescado, caliente suavemente 4 min. Retírelo sin romperlo, preséntelo en una fuente de servicio, cubierto con la salsa. Sirva caliente con panes indios y un *raita* (p. 38).

4 personas
Preparación: 30 min
Cocción: unos 35 min

1 dorada de 1 kg, vaciada, descamada y cortada en trozos de 4 cm de grosor, o 4 buenas rodajas de bacalao fresco
el zumo de 1 lima
6 cuch. soperas de *ghee* (p. 28)
1 cebolla grande picada
3 tomates maduros, pelados y triturados
1/2 cuch. de café de granos de mostaza negra
10 hojas de *kari*
1 cuch. sopera de pasta de jengibre (p. 17)
20 cl de yogur (p. 20) escurrido y batido

Especias molidas:
1 cuch. de café de cúrcuma
1/2 cuch. de café de guindilla roja
1/2 cuch. de café de comino
1/2 cuch. de café de cilantro

4 personas
Preparación: 45 min
Cocción: 1 h

Para las albóndigas:
1 kg de espalda de cordero picada fino
4 cuch. soperas de mantequilla

Especias molidas:
1 cuch. de café de cilantro
1 cuch. de café de hinojo
1 cuch. de café de pimienta blanca recién molida

5 cuch. soperas de pasta de ajo, 5 cuch. soperas de pasta de jengibre, 1 cuch. de café (o más) de pasta de guindilla verde (p. 17)
2 cebollas medianas picadas fino
1 huevo batido
150 g de albaricoques secos cortados en cubos pequeños
sal fina

Para la salsa:
4 cuch. soperas de *ghee* (p. 28)

Especias enteras:
2 hojas de laurel
10 clavos
10 cardamomos verdes
3 bastoncitos de canela

1 taza de té de pasta de cebolla, 3 cuch. soperas de pasta de jengibre y 3 cuch. soperas de pasta de ajo (p. 17)

Especias molidas:
1 cuch. de café de guindilla roja
2 cuch. de café de *garam masala* (p. 16)
1/2 cuch. de café de macis o nuez moscada rallada

1 lata de 500 g de pulpa de tomate
1 pizca de hebras de azafrán
2 cuch. soperas de leche caliente
8 hojas de *kari*
hojas de cilantro fresco

[curry de albóndigas de cordero]

Mezcle bien todos los ingredientes de las albóndigas, salvo los albaricoques. Divida la mezcla en 24 porciones. Introduzca algunos trocitos de albaricoque seco en cada albóndiga, ciérrelas bien. Reserve.

Caliente el *ghee*, fría las especias enteras 30 segundos. Añada las pastas aromáticas, fría 30 segundos más, añada la guindilla roja, remueva 3 min, añada los tomates, remueva, sale y deje reducir 20 min. Ponga entonces las albóndigas con cuidado, para no romperlas, moje con 30 cl de agua, mezcle suavemente, añada el *garam masala*, tape y deje cocer 40 min más a fuego muy bajo.

En una sartén pequeña, tueste el azafrán en seco, 1 min aproximadamente, hasta que desprenda aroma. Desmenúcelo en la leche, reserve.

Al finalizar la cocción, añada la leche azafranada, el macis y las hojas de *kari*. Deje reposar 5 min, sin destapar, fuera del fuego, y sirva caliente, decorado con hojas de cilantro y acompañado con panes indios o arroz.

curries y *baltis*

[pollo *balti*]

Abra todas las guindillas y quíteles las semillas, procure no tocarse los ojos. Machaque un poco las guindillas rojas, corte las verdes en rodajas. Pele los tomates tras haberlos sumergido unos segundos en agua hirviendo, triture su pulpa.

Caliente el *ghee* en un wok, fría la pasta de ajo y las guindillas rojas, añada los tomates y cueza 5 min sin dejar de remover. Añada entonces el jengibre, las guindillas verdes y sale a voluntad. Deje cocer 5 min a fuego medio.

Añada los trozos de pollo y deje cocer hasta que el pollo esté tierno (unos 25 min). Añada los cuadrados de pimiento y el *garam masala* y cueza 5 min más. Sirva caliente con un arroz o un pan indio y un *dal* (plato de lentejas).

4 personas
Preparación: 30 min
Cocción: 40 min

3 guindillas rojas frescas
2 guindillas verdes
100 g de pimiento rojo
y de pimiento verde cortados
en cuadrados
1 kg de tomates muy maduros
4 cuch. soperas de *ghee*
(p. 28)
4 cuch. soperas de pasta
de ajo (p. 17)
3 cuch. soperas de jengibre
fresco desmenuzado fino
1 pollo de 1 kg cortado
en 12 trozos
1 cuch. de café de *garam masala* (p. 16)
sal

[ensalada picante de mango]

Pele el mango y corte la pulpa en cubos pequeños. Pele la escalonia, desmenúcela. Pulverice dos tercios de los granos de mostaza en un molinillo de café. Bata el yogur en un gran bol, para alisarlo, añada la mostaza molida, la guindilla verde o la pimienta, el azúcar y sal a voluntad. Incorpore finalmente los cubos de mango.

Caliente el aceite en una sartén pequeña y fría el resto de los granos de mostaza. En cuanto empiecen a saltar, y sucede enseguida, añada la guindilla roja y, luego, la escalonia desmenuzada. Remueva a fuego bajo o medio hasta que la escalonia se haya dorado un poco.

Añada el contenido de la sartén al yogur, mezcle y sirva, fresco o a temperatura ambiente, para acompañar toda clase de platos indios.

6 personas
Preparación: 30 min

1 mango grande muy maduro
1 escalonia
1 cuch. de café de granos
de mostaza negra
25 cl de yogur (p. 20)
escurrido
1 guindilla verde fresca,
sin las semillas y picada
fino o 1/2 cuch. de café
de pimienta negra molida
1 cuch. de café de azúcar
en terrones
2 cuch. de café de aceite
1 guindilla roja seca, sin las
semillas
sal fina

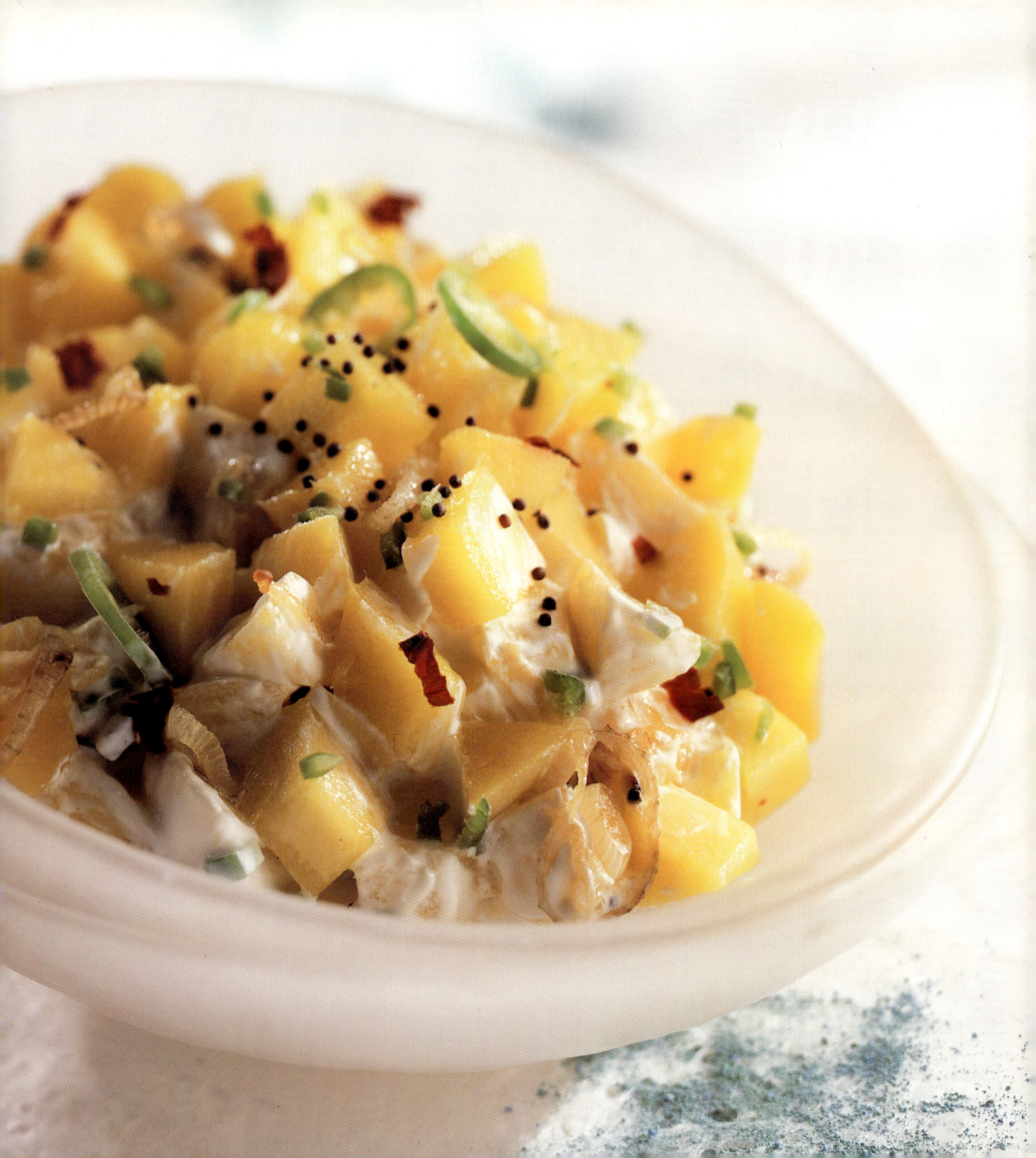

Este plato, originario de Goa, revela una fuerte influencia portuguesa: vinagre y cerdo son, en efecto, dos ingredientes que se utilizan poco en la India. Sin embargo, los indios han convertido esta receta en un florón de su cultura culinaria...

[curry de cerdo *vindaloo*]

6 personas
Preparación: 30 min
Maceración: 24 h
Cocción: 1 h 30 min

Especias enteras:
2 cuch. soperas de semillas de cilantro
1 cuch. sopera de semillas de comino
1/2 cuch. de café de semillas de cardamomo verde
1/2 cuch. de café de canela desmenuzada
1/2 cuch. de café de clavos
1/2 cuch. de café de pimienta negra en grano
6 hojas de laurel

25 cl de vinagre de vino tinto
3 cuch. soperas de pasta de jengibre (p. 17)
14 dientes de ajo buenos
60 g de *ghee* (p. 28)
1 kg de lomo de cerdo cortado en cubos

Especias molidas:
1/2 cuch. de café (o más) de guindilla roja
1 cuch. sopera de cúrcuma
2 cuch. de café de granos de mostaza triturados
sal

En una sartén, tueste el cilantro y el comino. Póngalos en un molinillo de café con las demás especias enteras (excepto las hojas de laurel) y redúzcalos a polvo fino. Mezcle este polvo con la guindilla y la cúrcuma, dilúyalo todo con un poco de vinagre hasta obtener una pasta espesa, incorpore luego la pasta de jengibre. Pinche abundantemente la carne con un tenedor, úntela con cuidado con la pasta, cubra con las hojas de laurel, añada el resto del vinagre, tape y deje en maceración 24 h en la nevera, remueva 3 veces.

Al día siguiente, precaliente el horno a 140 °C (t. 3-4). Pele los dientes de ajo. En una olla de hierro, caliente el *ghee* y fría a fuego medio los dientes de ajo enteros, removiendo, hasta que queden uniformemente dorados. Escurra, chafe con un tenedor y reserve. En el mismo *ghee*, fría unos instantes los granos de mostaza, añada luego la carne y su marinada, el ajo y el laurel, sale, lleve a ebullición, tape. Ponga la olla al horno y deje cocer 1 h 30 min. Al cabo de 1 h de cocción, compruebe que queda bastante líquido, añada muy poca agua caliente si es necesario: la salsa debe quedar muy reducida, pero no por completo evaporada. Tape de nuevo y deje cocer 30 min más.

Sirva caliente con panes indios y un curry de patatas (p. 75). Si no le gustan los platos con mucho vinagre, puede sustituir parte de éste por agua.

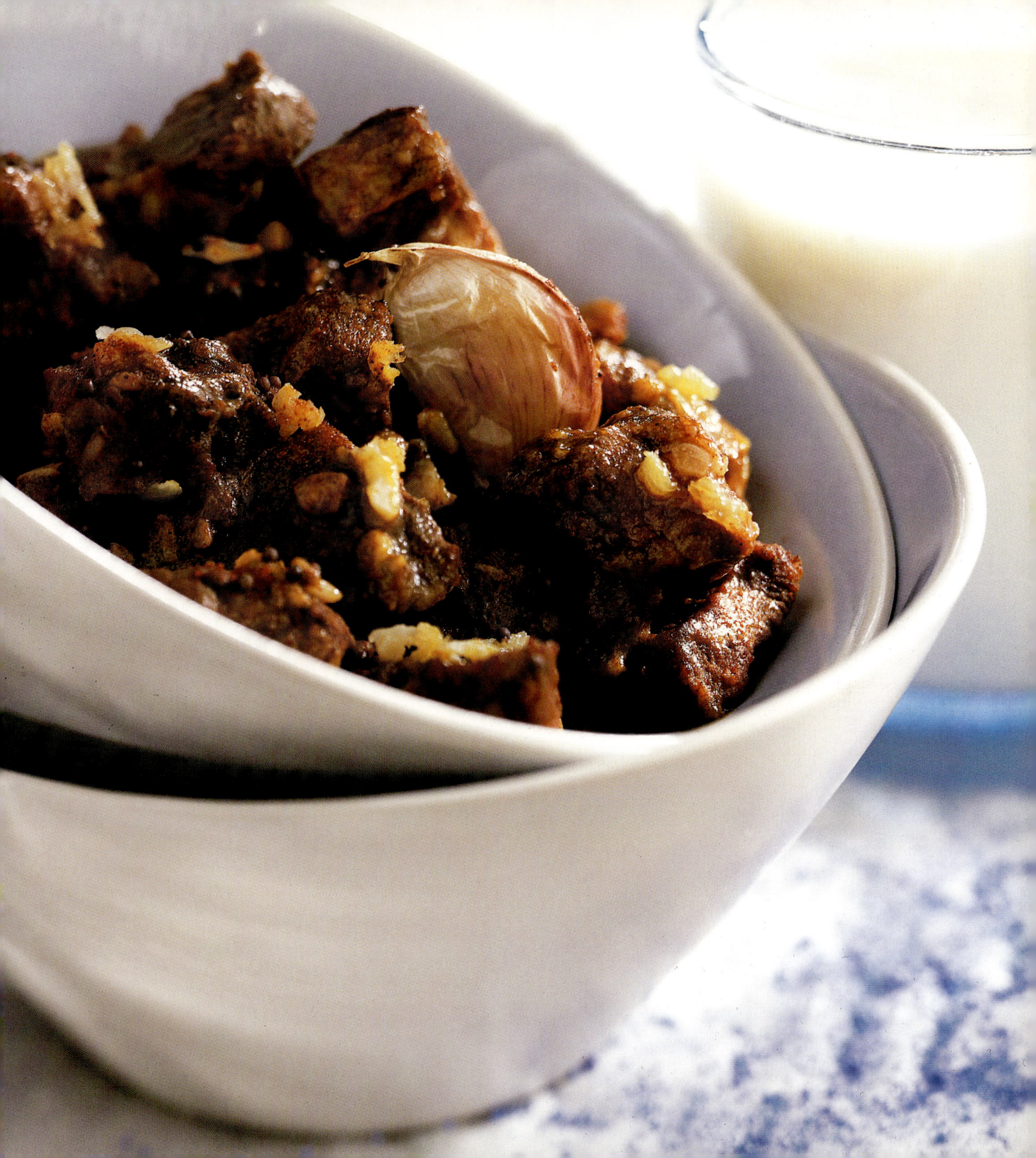

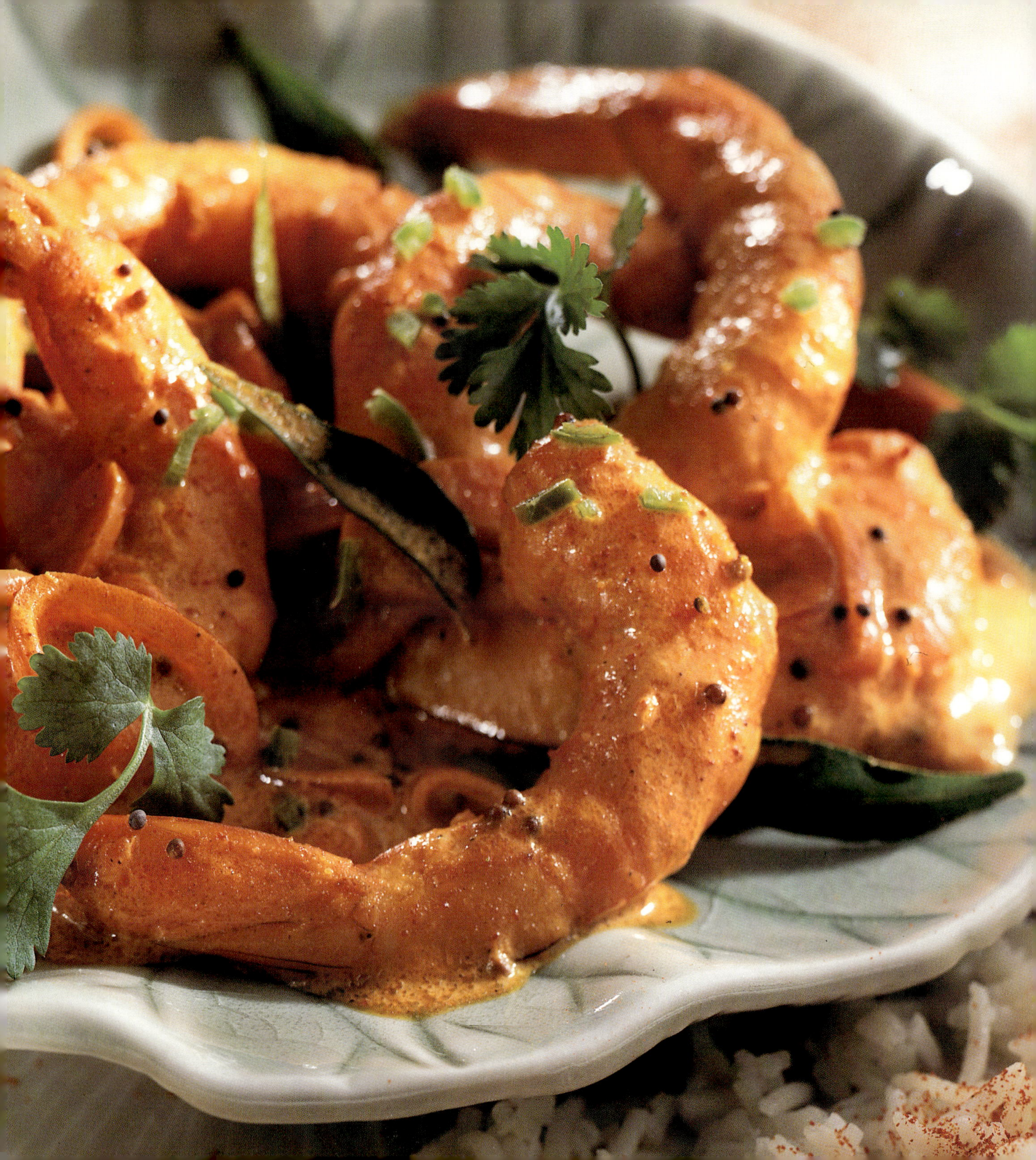

[curry de gambas con leche de coco]

6 personas
Preparación: 45 min
Cocción: 10 min

Especias enteras:
2 cuch. soperas de semillas de cilantro
1/4 de cuch. de café de semillas de fenogreco
1 cuch. de café de pimienta negra en grano
1 cuch. de café de granos de mostaza negra

1 cebolla grande
5 dientes de ajo
6 cuch. soperas de *ghee* (p. 28) o de aceite vegetal
10 hojas de *kari*
1 cuch. sopera de pasta de jengibre (p. 17)

Especias molidas:
2 cuch. soperas de páprika dulce
1/2 cuch. de café de guindilla roja
1 cuch. de café de cúrcuma

el zumo de 1 lima
2-3 guindillas verdes sin las semillas
1 kg de gambas grandes frescas o descongeladas, peladas, sin el hilo negro central
1 lata de 500 g de leche de coco
cilantro fresco
sal

Tueste en seco, 1-2 min, el cilantro, el fenogreco y la pimienta. Retire del fuego, redúzcalos a polvo en un molinillo de café. Reserve.

Pele la cebolla, córtela en semicírculos finos. Pele los dientes de ajo, córtelos en rodajas finas. En una olla de hierro, caliente el *ghee* a fuego medio, fría los granos de mostaza. Cuando comiencen a saltar, añada las hojas de *kari* y, luego, la cebolla y el ajo. Remueva hasta que tomen un poco de color. Añada la pasta de jengibre, remueva un poco, moje con 45 cl de agua caliente, añada las especias molidas, la sal, la mezcla de especias realizada al comienzo de la receta, las guindillas verdes y el zumo de lima. Deje hervir 5 min, retire del fuego y reserve.

A último momento, caliente esta salsa a fuego vivo. Cuando llegue a ebullición, añada las gambas y remueva hasta que se vuelvan opacas. Añada entonces la leche de coco, remueva bien rascando el fondo de la olla. En cuanto la salsa inicie el hervor, el curry está listo.

Sirva adornándolo con cilantro fresco, con un arroz sencillo y un curry de tomates enteros (p. 90).

[arroz basmati a la afgana]

Lave el arroz con siete aguas sucesivas en una cacerola de acero inoxidable: a cada lavado, remueva suavemente el arroz con la mano y, luego, elimine el agua con precaución, sin perder arroz. Por último, cubra de agua fresca, añada 1 cucharada de café de sal y deje reposar 1 h. Vierta el arroz en un colador fino, escúrralo 30 min.

Lleve a ebullición fuerte una cacerola grande de agua con 1 cucharada de café de sal fina. Añada el arroz escurrido, remueva bien y espere a que recupere el hervor. Cuente 3 min, luego escurra, otra vez, el arroz en el colador fino. Reserve.

Precaliente el horno a 150 °C (t. 3-4). En una cacerola, vierta 25 cl de agua, el *ghee* y la mitad de las especias, haga hervir 1 min, retire del fuego.

En un molde grande para soufflé, de cerámica, o una fuente grande y honda para horno, ponga el arroz. Iguale la superficie y forme cuatro agujeros. Ponga en esos agujeros el resto de las especias, cúbralos. Vierta sobre todo esto la mezcla de agua y *ghee*. Cúbralo herméticamente con el papel de aluminio y, luego, con un plato: fije bien el papel de aluminio al borde del recipiente. Ponga al horno y deje cocer 30 min.

Para servir, ponga el arroz en una fuente grande desgranándolo con un tenedor y mezclando las especias.

4-6 personas
Preparación: 35 min
Remojo y escurrido: 1 h 30 min
Cocción: 30 min

500 g de arroz basmati
1 cuch. de café de sal fina
3 cuch. soperas de *ghee*
(p. 28)

Especias enteras:
1 cuch. de café de semillas de comino
las semillas de 6 cardamomos verdes

sal fina

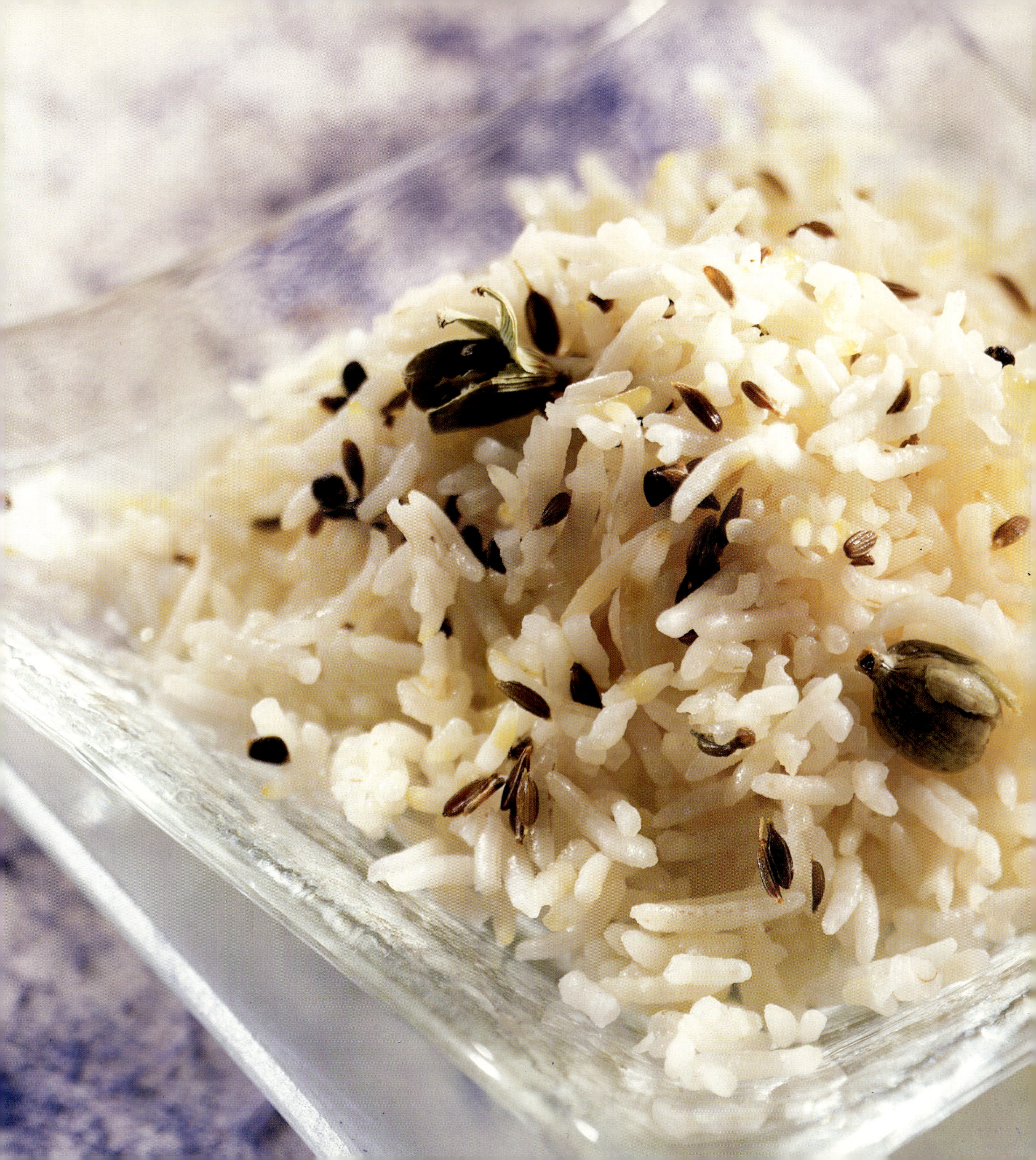

Lave el arroz con siete aguas sucesivas y déjelo en remojo 30 min con 1 cucharada de café de sal fina. Escúrralo 30 min en un colador fino. En una sartén pequeña, tueste en seco el azafrán 1 min aproximadamente, hasta que desprenda aroma. Desmenúcelo en la leche, reserve.

Lleve a ebullición fuerte una gran cantidad de agua en una cacerola. Añada 1 cucharada de café de sal. Eche el arroz, remueva y espere exactamente 5 min después de que vuelva a iniciarse la ebullición. Escurra el arroz en un colador fino. Precaliente el horno a 150 °C (t. 3).

Vierta el arroz en un molde para soufflé o una olla de hierro; vierta la leche azafranada sobre el arroz, con un movimiento sinuoso, en zigzag. Distribuya el *ghee* sobre la superficie, cubra con papel de aluminio y cierre herméticamente ciñéndolo a los bordes del recipiente. Ponga la tapa o cubra con un plato. Cuézalo 30 min al horno.

Para servir, ponga el arroz en una fuente grande y honda; tendrá un color parcialmente azafranado. Desgránelo con un tenedor para repartir el azafrán y sírvalo como elemento de una comida india.

4-6 personas
Preparación: 30 min
Remojo y escurrido: 1 h
Cocción: 35 min

500 g de arroz basmati
2 cuch. de café de sal fina
1 pizca de hebras de azafrán
2 cuch. soperas de leche caliente
4 cuch. soperas de *ghee* (p. 28)

[arroz basmati al azafrán]

El arroz es una de las bases de la alimentación india; por lo general, cuando se sirve, no se ofrece pan en la misma comida. El arroz basmati, de sutil perfume, crece en las estribaciones del Himalaya. Es delicioso con el ghee, las especias enteras, los *dal* y los curries de pollo, aunque es menos adecuado para el pescado. A falta de arroz basmati, utilice un arroz de grano largo de buena calidad.

[korma de cordero con almendras]

Pele las escalonias y los dientes de ajo, así como el rizoma de jengibre. Con la batidora, reduzca a pasta fina la mitad de las escalonias, del jengibre, del ajo y de los granos de anís con un poco de yogur. Frote la carne con esta pasta y deje en maceración 1 h.

Corte el resto de las escalonias en rodajas muy finas, pique fino el resto del jengibre, fríalo todo con el *ghee*. Cuando la mezcla esté dorada y crujiente, retírela y reserve.

Dore la carne en el *ghee* restante. Cuando se pegue un poco a la olla, añada el resto del yogur y del ajo picado. Deje cocer suavemente 1 h, removiendo con frecuencia y vigilando la cocción: cada vez que el preparado se deseque, añada un poco de agua y sal. Debe obtener una carne bien dorada, sin humedad. Resérvela a fuego muy bajo.

Mezcle el cilantro con 15 cl de agua. Pase por el chino y filtre para obtener una infusión. Reserve. Maje el resto de los granos de anís y el azafrán, incorpore un poco de agua caliente. Reserve.

Precaliente el horno a 80 °C (t. 1-2). En la batidora, triture finamente las almendras, incorpórelas a la crema india y viértalo todo sobre la carne. Añada luego la fritura de escalonias con jengibre, incorpore las yemas de huevo batidas, el azafrán y el anís diluidos en agua. Tape la olla, póngala al horno y deje que los sabores se mezclen 20 min. La temperatura del fuego debe ser muy baja, pues las yemas de huevo no deben cocerse.

Sirva con un arroz sencillo.

---

6 personas
Preparación: 1 h 30 min
Maceración: 1 h
Cocción: 1 h 20 min

250 g de escalonias
4 dientes de ajo
5 cm de jengibre fresco
1/2 cuch. de café de granos de anís, hinojo o eneldo
200 g de yogur (p. 20) bien escurrido
200 g de *ghee* (p. 28)
1 kg de espalda de cordero cortada en cubos de unos 5 cm de lado
2 cuch. soperas de cilantro fresco picado
1 pizca de hebras de azafrán
200 g de almendras enteras, peladas
20 cl de crema doble india (p. 114) o de nata espesa
5 yemas de huevo
sal

4 personas
Preparación: 1 h
Remojo y escurrido: 1 h
Cocción: 1 h

500 g de arroz basmati
1 pizca de hebras de azafrán
10 cl de leche caliente
60 cl de yogur (p. 20) escurrido
2 cuch. soperas de nata líquida
4 cuch. soperas de hojas de cilantro y menta picadas

Especias enteras:
2 hojas de laurel
10 cardamomos verdes
10 clavos
2 cardamomos negros
4 bastoncitos de canela
1 cuch. de café de comino negro entero (*kala jeera*)

2 cebollas desmenuzadas
150 g de *ghee* (p. 28)
3 cuch. soperas de pasta de ajo (p. 17)
3 cuch. soperas de pasta de jengibre (p. 17)

Especias molidas:
1 cuch. de café de guindilla roja
1/2 cuch. de café de nuez moscada rallada

1 pollo joven cortado en ocho trozos
el zumo de 1/2 limón
sal

[*biriani* de pollo]

Lave bien el arroz y déjelo en remojo 30 min con 1 cucharada de café de sal fina. Escúrralo 30 min en un colador fino. En una sartén pequeña, tueste el azafrán en seco, 1 min. Desmenúcelo en la leche. Mezcle la mitad del yogur con la leche azafranada y la nata. Reserve.

Lleve a ebullición 4 litros de agua salada con 1 hoja de laurel, 2 cardamomos y 2 clavos. Añada el arroz, remueva, deje cocer 4 min a partir de la ebullición. Escurra el arroz con las especias, reserve. Rehogue a fuego medio el resto de las especias enteras con el *ghee* caliente. Cuando el comino empiece a saltar, añada las cebollas, deje que se doren. Añada las pastas aromáticas, la guindilla y la nuez moscada, remueva. Deje reducir un poco, añada el pollo, sale, remueva, rehogue unos 3 min. Añada el resto del yogur y 20 cl de agua. Lleve a ebullición, tape y deje cocer a fuego muy bajo unos 30 min. Añada el zumo de limón y retire del fuego. Precaliente el horno a 150 °C (t. 4)

En una olla grande, ponga la mitad del pollo, cúbralo con la mitad del yogur azafranado y, luego, con la mitad del arroz. Ponga encima el resto del pollo, luego el resto del yogur y termine con el arroz. Tape la olla con papel de aluminio, ciña bien a los bordes, tape y déjelo cocer al horno 30 min. Sirva caliente adornado con menta y cilantro.

curries y *baltis* **71**

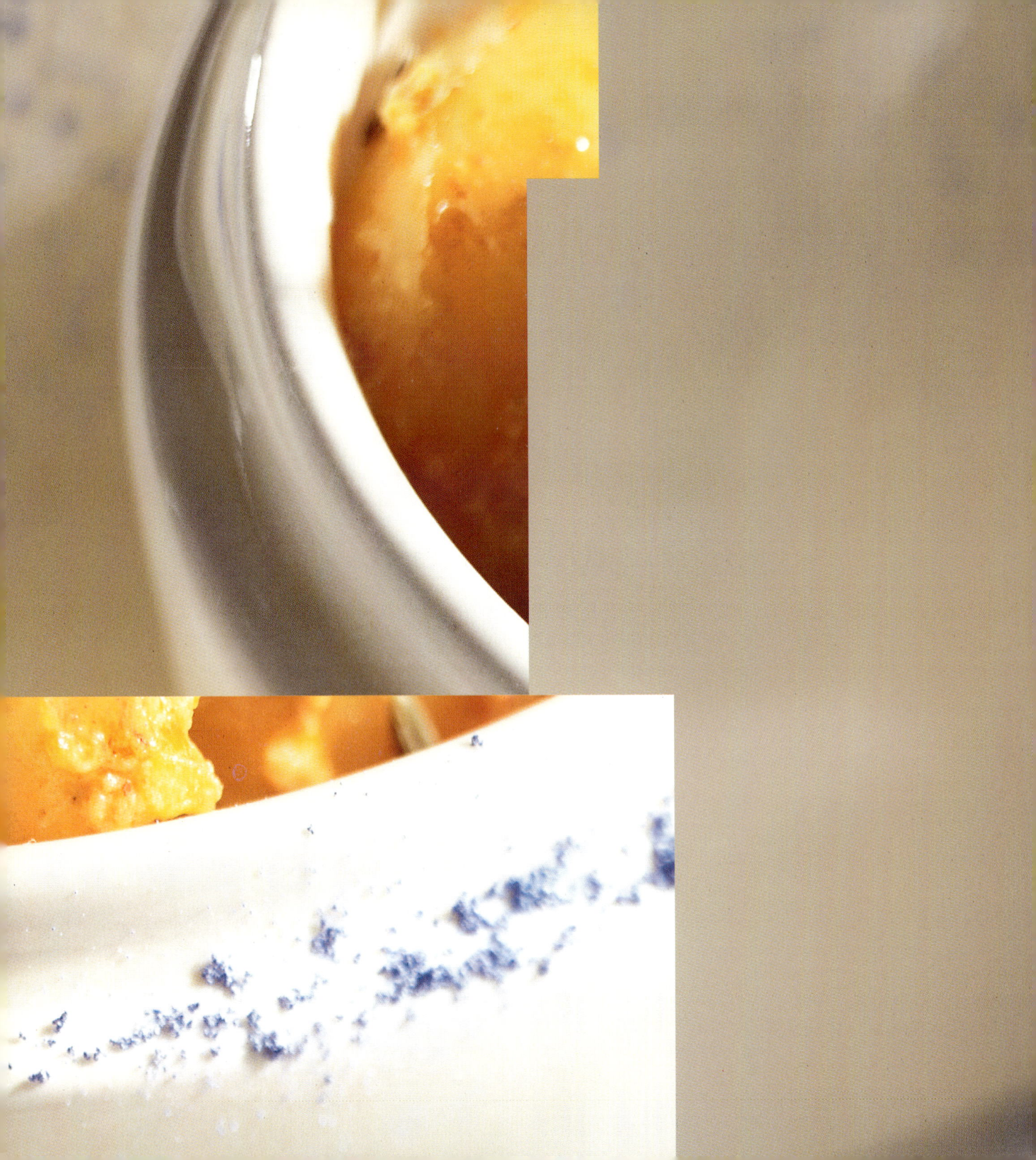

arroz, verduras y lentejas

arroz, verduras y lentejas

delicias vegetales

La cocina india muestra su auténtico ingenio en la preparación de las verduras: dar sabor y riqueza a recetas puramente vegetales, por medio de especias, *ghee* y expertas cocciones. Estos platos suelen acompañar las carnes, pero también puede probarlos solos, por sí mismos, con panes indios y un gran bol de yogur fresco.

[curry de patatas]

4 personas
Preparación: 20 min
Cocción: 45 min

600 g de patatas nuevas, pequeñas y redondas
2 dientes de ajo
1 cebolla mediana
4 cuch. soperas de *ghee* (p. 28)

Especias enteras:
4 clavos
2 cuch. de café de granos de comino

Especias molidas:
1 pizca de asa fétida
1/2 cuch. de café de cúrcuma
1 pizca (o más) de guindilla roja
2 cuch. de café de comino
1/2 cuch. de café de canela

20 cl de yogur griego
2 cuch. soperas de nuez de cajú molida
10 cl de nata líquida
sal

Pele las patatas y déjelas enteras. Pele el ajo y la cebolla, píquelos fino.

Caliente el *ghee* en una olla y rehogue la cebolla picada hasta que adquiera un hermoso color dorado claro. Añada los clavos y los granos de comino, remueva 2 min. Añada el ajo, la asa fétida, la cúrcuma, la guindilla roja y el comino molidos. Humedezca inmediatamente con 15 cl de agua.

Incorpore la mitad del yogur a fuego medio, removiendo bien con una espátula de madera. Cuando la mezcla sea homogénea, incorpore el resto del yogur, la nuez de cajú molido, la canela y la nata líquida. Deje que hierva suavemente 5 min, luego añada las patatas. Sale a voluntad.

Cubra el borde de la olla con papel de aluminio, ponga la tapa y ciña a ella el papel de aluminio, asegúrese de que el recipiente quede herméticamente cerrado. Luego deje que cueza 45 min a fuego muy bajo. Sirva caliente como elemento de una comida india o como plato vegetariano.

arroz, verduras y lentejas

[buñuelos de tomate relleno]

Pele los tomates tras haberlos sumergido unos segundos en agua hirviendo, corte un «sombrero», vacíe los tomates con cuidado utilizando una cucharilla, sale el interior: escurra los tomates, boca abajo, 15 min sobre papel absorbente.

Mezcle la ricotta, la pimienta, la asa fétida, 1 pizca de guindilla y el cilantro fresco. Sale ligeramente. Llene los tomates con la mezcla. Vuelva a colocar el «sombrero». Reserve.

Caliente el aceite para freír. Mezcle los ingredientes de la pasta para buñuelos, añadiendo el agua al final, poco a poco (unos 8 cl, la pasta debe ser algo espesa). Bata para que la pasta quede lisa. Sumerja cada tomate en la pasta procurando que quede bien cubierto y fría de inmediato.

Retire los buñuelos de tomate en cuanto estén dorados en toda su superficie, escúrralos sobre papel absorbente y sírvalos muy calientes con un chutney de mango, tamarindo, plátano o tomate agridulce (p. 46).

---

6 personas
Preparación: 40 min
Cocción: 40 min

12 tomates pequeños, fuertes pero maduros, del tamaño de un huevo
200 g de ricotta

Especias molidas:
1/2 cuch. de café de pimienta negra recién molida
1 pizca abundante de asa fétida
1 pizca de guindilla roja

3 cuch. soperas de cilantro fresco picado fino
aceite para freír
sal fina

Para la pasta de los buñuelos:
6 cuch. soperas de harina de garbanzos (*besan*)
1/2 cuch. de café de levadura química
agua muy fría

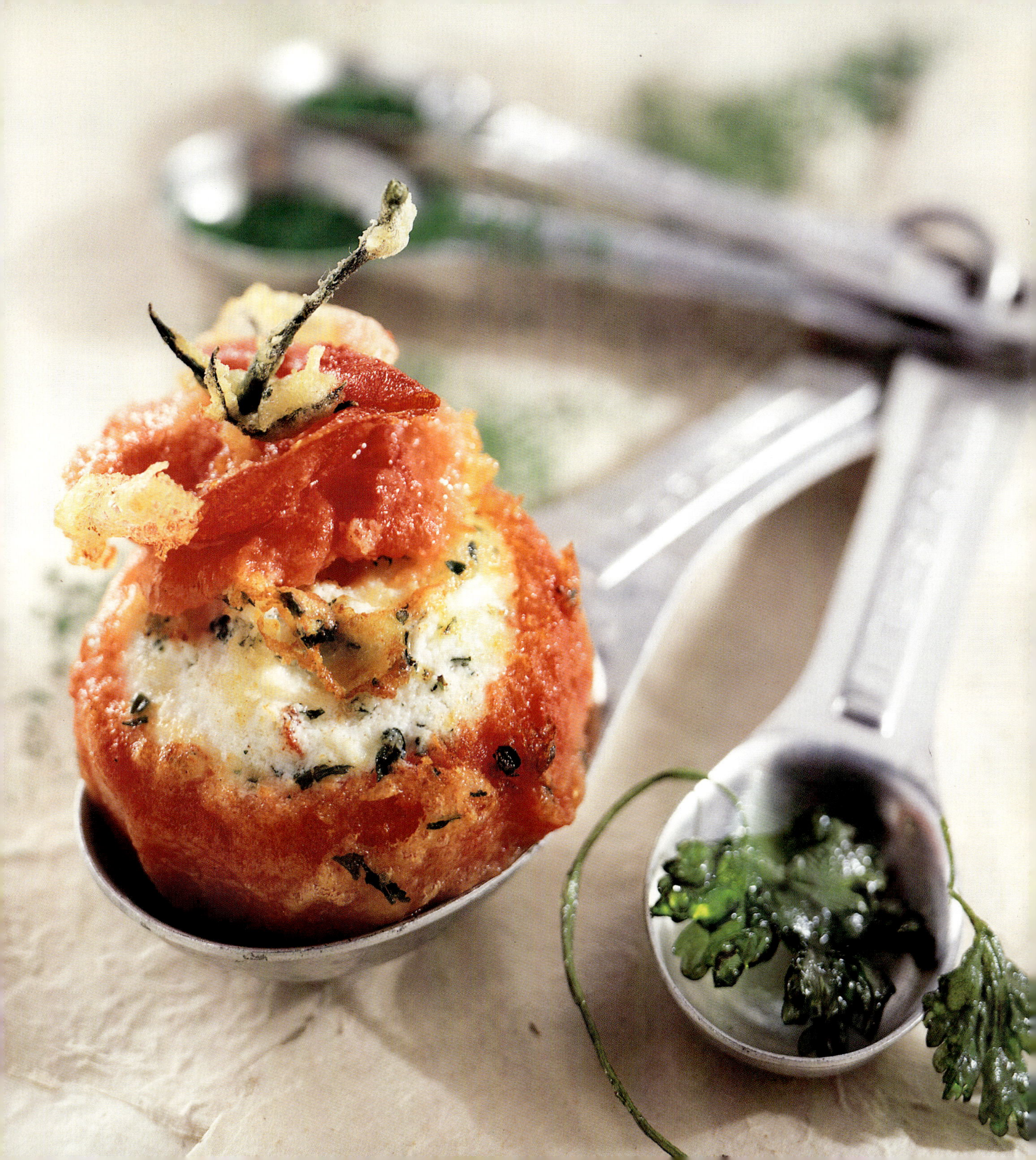

[*dal* a las especias]

Limpie y lave las lentejas, cúbralas con agua, añada la guindilla molida y deje cocer 40 min a fuego bajo. Sale, añada la pasta de ajo y deje cocer 10 min más. Añada luego la nata líquida, el yogur batido y la mitad del *ghee*, batiendo bien. Deje que hierva 10 min más a fuego bajo, removiendo de vez en cuando para incorporar bien el *ghee*.

Pele y pique fino las cebollas. En una cacerola pequeña, caliente el resto del *ghee*. Fría el ajo y la cebolla a fuego bajo, removiendo con frecuencia, hasta que estén bien dorados, pero no quemados. Añada las guindillas rojas y el comino; deje que se doren un poco. Luego añada la mezcla a las lentejas. Remueva 5 min a fuego bajo.

Añada por último la pimienta y sírvalo caliente con pan —*naan* (p. 34), tortas (p. 87) o *chapati* (p. 34)— o como elemento de una comida india. Estas lentejas deben ser muy picantes.

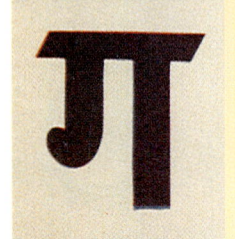

---

4 personas
Preparación: 30 min
Cocción: 1 h 20 min

250 g de lentejas indias (*moong dal, toor dal, chana dal*) o de guisantes amarillos majados

Especias molidas:
1/2 cuch. de café (o más, o menos) de guindilla roja
1/2 cuch. de café de pimienta negra recién molida

1 cuch. sopera de pasta de ajo (p. 17)
12 cl de nata líquida
25 cl de yogur (p. 20) batido
4 cuch. soperas de *ghee* (p. 28)
1 cuch. sopera de ajo fresco, picado grueso
2 cebollas medianas
sal

Especias enteras:
1 cuch. de café de granos de comino
3-4 guindillas rojas secas, sin las semillas

6 personas
Preparación: 40 min
Cocción: 30-40 min

1 kg de berenjenas pequeñas y fuertes
6 cuch. soperas de *ghee* (p. 28) o de aceite vegetal

Especias enteras:
6-12 guindillas rojas secas y sin las semillas
2 cuch. de café de granos de comino
10 cardamomos verdes
5 bastoncitos de canela
1 hoja de laurel
10 clavos

4 cuch. soperas de vinagre de vino tinto
6 cuch. soperas de pasta de cebolla (p. 17)
2 cuch. soperas de pasta de ajo (p. 17)
2 cuch. soperas de pasta de jengibre (p. 17)
1 cuch. sopera de cúrcuma
sal

[curry de berenjenas con pasta de especias]

Lave las berenjenas y quíteles el rabillo, córtelas en dos dejándolas unidas por la parte superior. Reserve.

Caliente 2 cucharadas soperas de *ghee* en una sartén pequeña. Fría las especias enteras durante 5 min removiendo bien, deje que se entibien y pulverícelas en el recipiente de la batidora. Añada vinagre para obtener una pasta.

Caliente en una olla 2 cucharadas soperas de *ghee*, fría las berenjenas a fuego vivo (varias a la vez, 6 min en cada fritura) dándoles la vuelta de vez en cuando hasta que estén medio cocidas. Retire del fuego y reserve.

Añada en la olla el resto del *ghee*, fría la pasta de cebolla 12 min, removiendo hasta que tome color. Añada entonces las pastas de ajo, de jengibre y de especias, luego la cúrcuma. Remueva 5 min a fuego vivo. Sale, humedezca con un poco de agua y deje cocer destapado hasta la evaporación casi completa, removiendo a menudo. Añada las berenjenas sin romperlas, remueva suavemente, deje cocer 4 min a fuego bajo. Puede finalizar la cocción 10 min a horno suave, para que los sabores se mezclen mejor.

Sirva caliente con un chutney de hierbas (p. 26) y panes indios.

arroz, verduras y lentejas

[*dal* a la leche de coco]

Lave las lentejas con varias aguas, escúrralas, póngalas en una olla con 90 cl de agua y la cúrcuma. Lleve a ebullición, reduzca el fuego al mínimo y deje hervir, tapado, 45 min. Añada un tercio de las escalonias y el comino. Remueva, tape, deje cocer 15 min más. Añada las guindillas verdes y deje cocer otros 15 min más. El *dal* debe estar, entonces, muy tierno; puede alargarlo con un poco de agua si se ha espesado demasiado. Su consistencia debe ser la de una sopa espesa. Reserve a fuego muy bajo.

En una cacerola pequeña, caliente el *ghee*, fría los granos de mostaza 30 segundos, luego añada las hojas de *kari*, el ajo y el resto de las escalonias. Remueva a fuego medio hasta que las escalonias tomen color. Añada el tomate y deje cocer 5 min más. Incorpore a las lentejas el contenido de la cacerola, sale a voluntad, mezcle bien. Vierta por último la leche de coco, remueva y sirva caliente, adornado con cilantro fresco picado.

Este *dal*, recalentado, es delicioso. Debe picar bastante para compensar el dulzor de la leche de coco.

6 personas
Preparación: 25 min
Cocción: 1 h 30 min

200 g de lentejas amarillas grandes (*toor dal*)

Especias molidas:
1 pizca abundante de cúrcuma
1 cuch. de café de comino

3 escalonias picadas
2-3 guindillas verdes sin las semillas y picadas
4 dientes de ajo desmenuzados
1 tomate maduro grande, pelado y triturado
3 cuch. soperas de *ghee* (p. 28)
1/2 cuch. de café de granos de mostaza negra
12 hojas de *kari*
30 cl de leche de coco en lata
cilantro fresco
sal fina

[calabacines rellenos]

4-6 personas
Preparación: 35 min
Cocción: 20-25 min

6 calabacines muy fuertes
3 tomates grandes
1 cebolla grandes
2 cuch. soperas de ghee (p. 28)

Especias molidas:
2 cuch. de café de *garam masala* (p. 16)
1-2 pizcas de guindilla roja

10 hojas de *kari*
4 cuch. de café de polvo de mango (*amchoor*) o, en su defecto, 2 cuch. soperas de pulpa de mango verde con un poco de zumo de lima
6 cuch. soperas de nata líquida
aceite para freír
sal

Caliente el aceite en una freidora. Corte un «sombrero» en lo alto de los calabacines. Ahuéquelos (guarde el interior para preparar un potaje), fríalos 2 min en aceite caliente. Escurra los calabacines.

Pele los tomates tras haberlos sumergido unos segundos en agua hirviendo, triture la pulpa. Pele y pique fino la cebolla; rehóguela con el *ghee* hasta que esté translúcida. Añada los tomates, deje cocer 5 min a fuego medio, añada luego las hojas de *kari*, el *garam masala*, la guindilla y el mango molidos. Sale, incorpore la nata. Tape y deje que reduzca unos minutos a fuego bajo.

Precaliente el horno a 180 °C (t. 5-6). Coloque los calabacines en una fuente para asado, llénelos con la mezcla, coloque el «sombrero». Cuézalos 10 min al horno, quite el «sombrero» y sírvalos calientes como entrada o como elemento de una comida india.

arroz, verduras y lentejas **81**

[*dal* al azafrán]

6 personas
Preparación: 30 min
Cocción: 1 h 20 min

250 g de lentejas amarillas grandes (*toor dal*) o de guisantes amarillos majados

Especias molidas:
1 cuch. de café de cúrcuma
1 cuch. de café (o más, o menos) de guindilla roja

4 cuch. soperas de nata ligera
1 buen pizca de hebras de azafrán
2 cebollas medianas
1 cuch. de café de granos de comino negro (*kala jeera*) o, en su defecto, de granos de comino
4 cuch. soperas de *ghee* (p. 28)
sal

Lave las lentejas con varias aguas (las *toor dal* suelen venderse untadas con aceite de ricino), escúrralas, póngalas en una cacerola y cúbralas con 2 litros de agua. Lleve a ebullición y espume. Reduzca el fuego, añada los dos tercios de la cúrcuma, remueva, tape y deje cocer 1 h hasta que las lentejas estén tiernas: debe tener la consistencia de una sopa espesa. Sale, retire del fuego.

Caliente la nata en una cacerola pequeña. Cuando arranque el hervor, retire del fuego y añada las hebras de azafrán para que los sabores se mezclen. Reserve.

Pele y pique las cebollas. Fríalas con el comino en el *ghee* caliente, a fuego medio, removiendo hasta que tomen color. Añada entonces el resto de la cúrcuma y la guindilla molidas. Incorpore la mezcla a las lentejas, remueva, tape, deje cocer 2 min a fuego muy bajo. Añada, en el momento de servir, la mezcla de nata y azafrán.

Sirva con arroz blanco o como elemento de una comida india.

[chutney de ajo fresco]

6 personas
Preparación: 20 min

2 buenas cabezas de ajo, lo más frescas posible
1 manojo de cilantro fresco
1 guindilla verde fresca
1 pizca de guindilla roja molida (optativo)
3 cuch. soperas de mango molido (*amchoor*) o, en su defecto, 1/2 mango de pulpa firme con el zumo de 1 lima
1/2 cuch. de café de sal fina
5-6 cuch. soperas de aceite de mostaza o de oliva

Pele todos los dientes de ajo, lave y seque el cilantro. En el recipiente de una batidora, ponga todos los ingredientes salvo el aceite, redúzcalos a una pasta fina: puede añadir unas gotas de agua para facilitar la operación. Viértalo todo en un bol, incorpore el aceite, reserve al fresco hasta su utilización.

Este chutney está reservado a las personas que le gusta el ajo, pero no quedarán decepcionados.

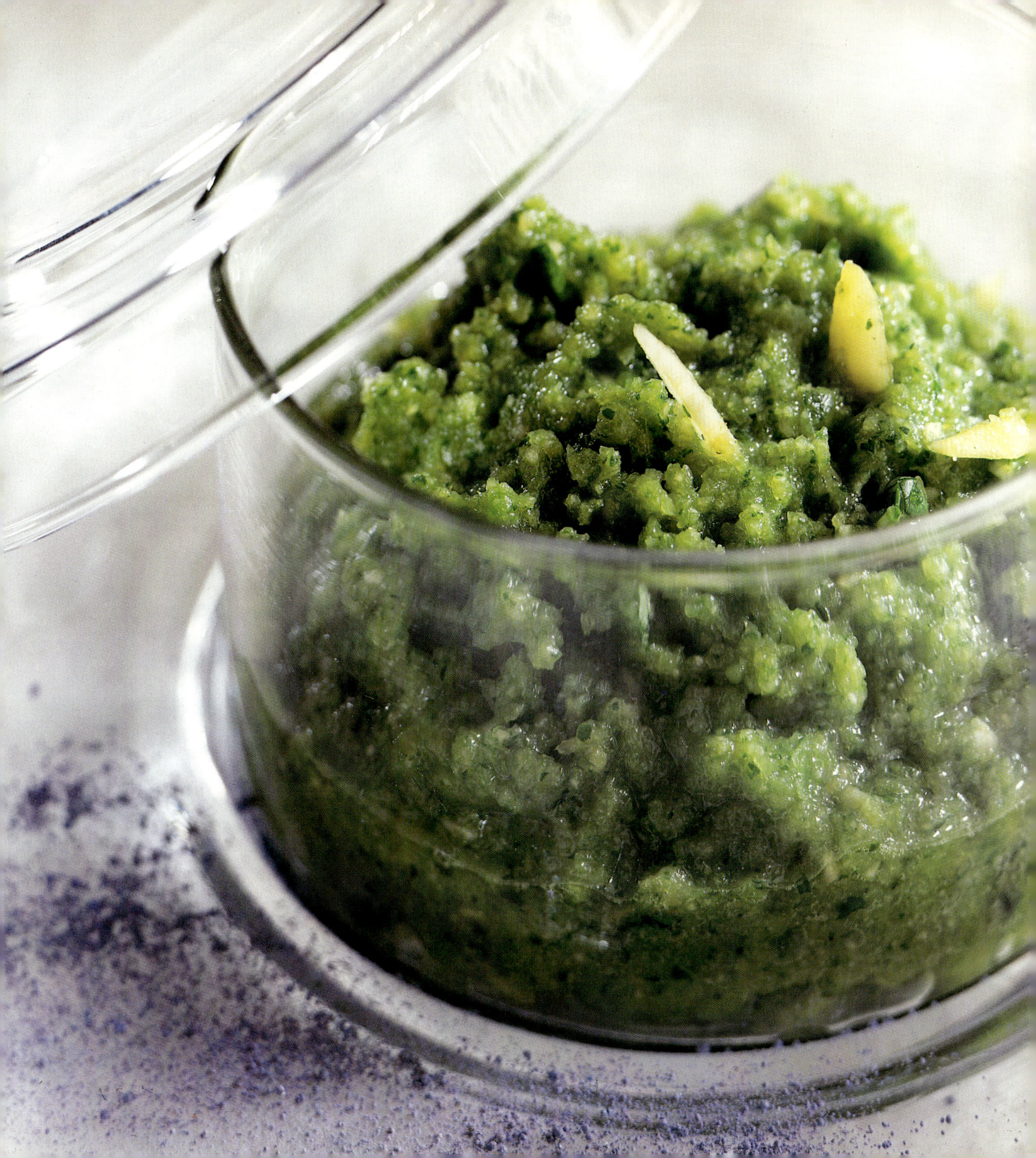

El éxito de los platos indios depende del momento preciso en que se añada cada ingrediente: procure prepararlo todo en su cocina (especias tostadas, molidas, verduras peladas y picadas, etc.) *antes* de comenzar la receta.

[encurtidos de lima con jengibre]

1 tarro de 1 litro
Preparación: 1 h
Maceración: de 4 días a 2 semanas

60 g de rizoma de jengibre fresco
6 limas grandes y de piel fina, jugosas y relucientes
el zumo de 3-4 limas
unas guindillas verdes frescas, sin las semillas
1-2 cuch. sopera de sal
1 hoja de laurel

Pele y corte el jengibre en tiras finas. Lave las limas con agua caliente y jabón neutro; séquelas con un trapo. Hágalas rodar sobre la superficie de trabajo con la palma de la mano para ablandarlas. Por último, córtelas en cuartos (recogiendo el zumo) y retire las semillas con la punta del cuchillo.

Ponga en un tarro de cristal una capa de cuartos de lima; añada el zumo recogido, el laurel, un poco de jengibre y de guindilla. Espolvoree con un poco de sal. Repita la operación hasta que se agoten los ingredientes (reserve el resto de la sal para la maceración). Añada el zumo de lima, tape herméticamente y agite bien (los encurtidos no llenan el tarro, pero necesitan espacio para ser removidos regularmente). Quite la tapa, cubra con un paño la boca del tarro y deje en maceración de 4 a 7 días en un lugar templado.

Añada cada día un poco de sal. Al cabo de una semana, los encurtidos están listos, pero serán más deliciosos al cabo de 2 semanas. Si los encurtidos, en la maceración, absorben el líquido, añada zumo de lima para cubrirlos bien.

arroz, verduras y lentejas

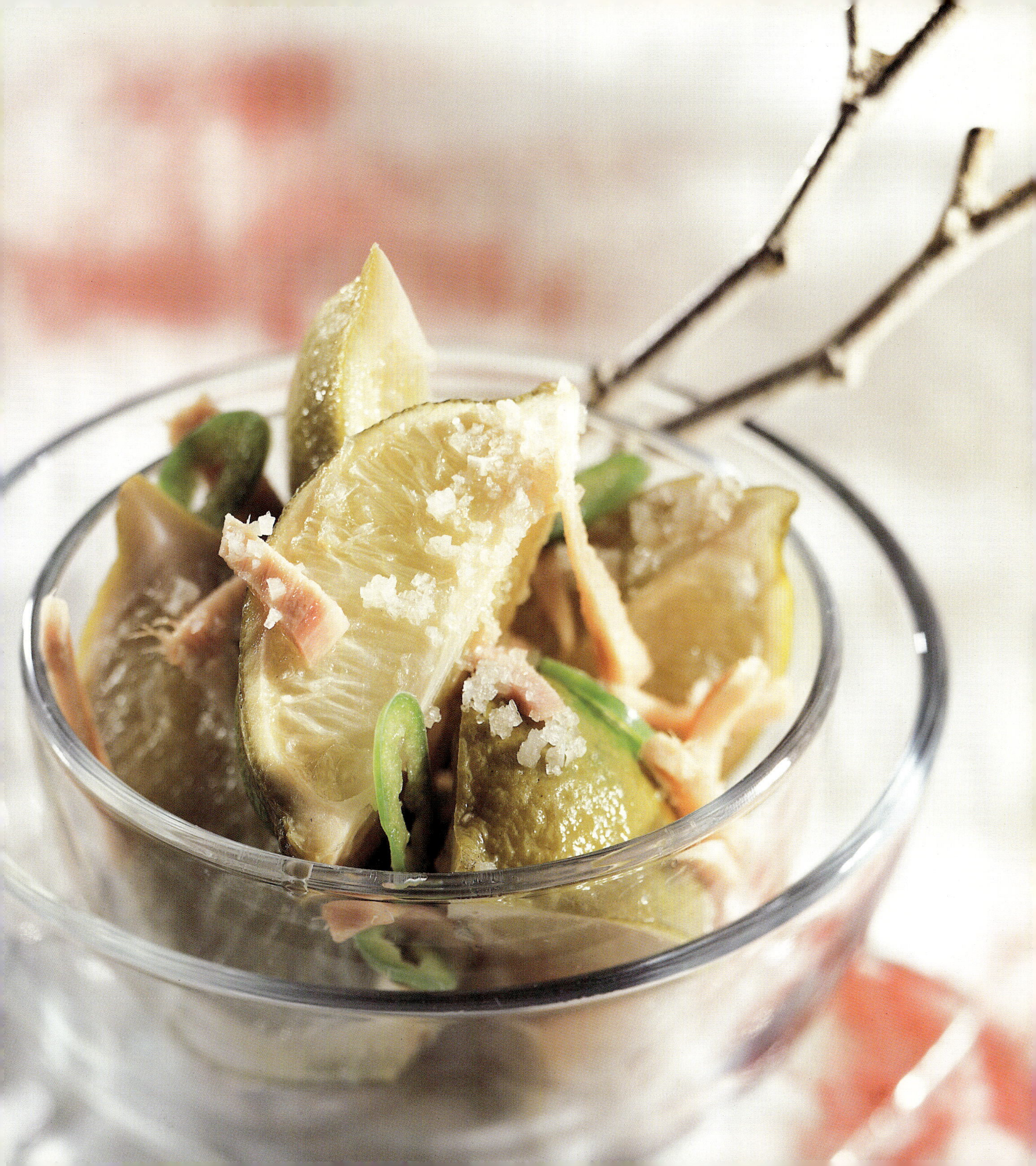

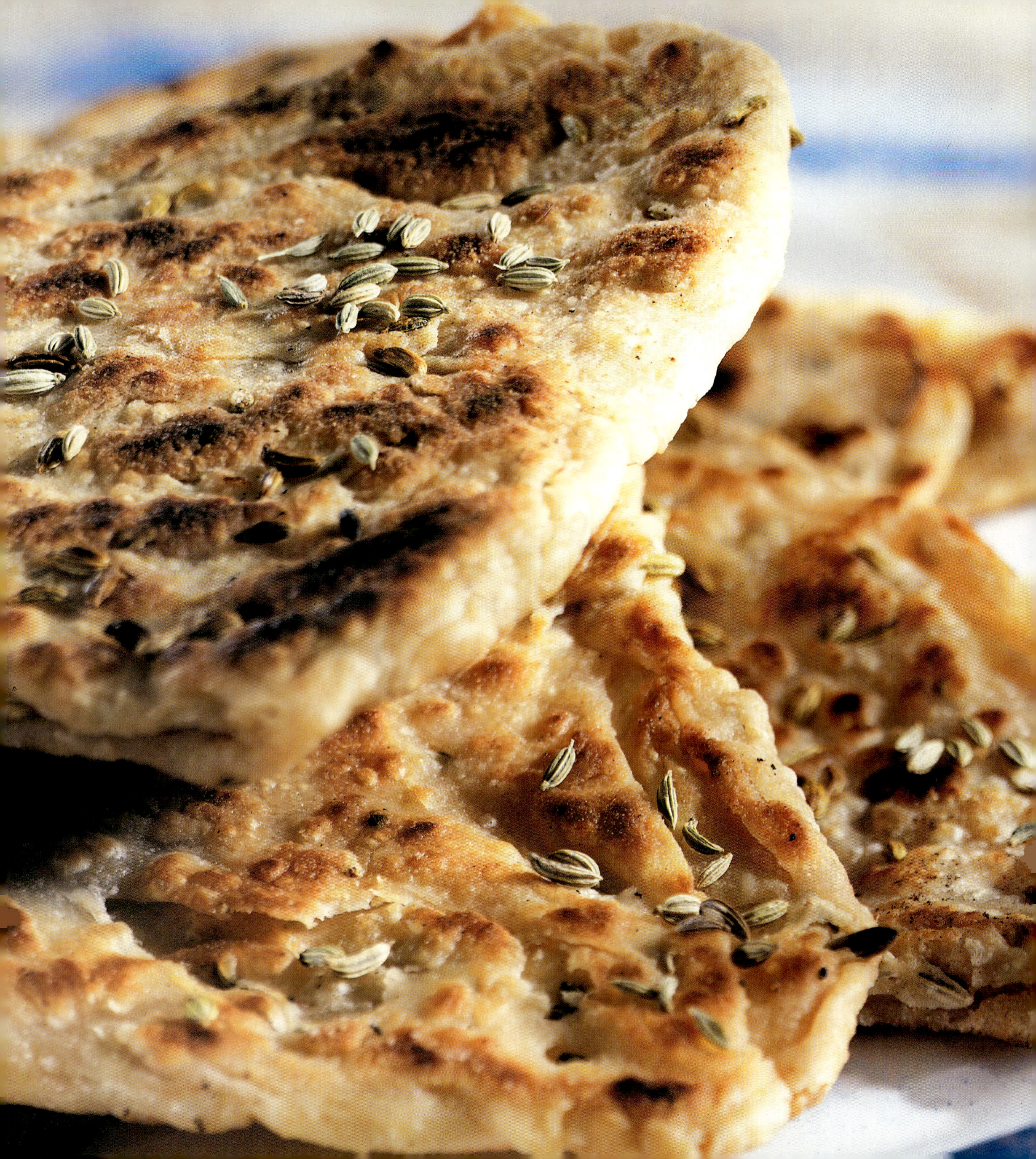

[tortas de mantequilla al hinojo]

4 personas
Preparación: 1 h 30 min
Cocción: 30 min

500 g de harina
25 cl de leche
20 cl de *ghee* (p. 28)
+ un poco para la cocción
2 cuch. soperas de granos
de hinojo majados en el mortero
o con el rodillo de amasar
entre 2 hojas
de film transparente
sal

Mezcle la harina y la sal, haga un hoyo en el centro y vierta en él 12,5 cl de agua y la leche. Incorpore y amase hasta obtener una pasta firme. Deje reposar 10 min, cubierto con un trapo húmedo, incorpore luego el tercio del *ghee* y amase hasta que la pasta esté lisa y flexible. Añada el hinojo y siga amasando 5 min más. Divida la pasta en 12 porciones, espolvoréelas un poco y extiéndalas en forma de disco fino con el rodillo. Unte cada disco con 1 cucharada de café de *ghee*, doble en dos. Unte con *ghee*, doble en dos; obtendrá un triángulo. Extiéndalo con el rodillo, los bordes deben tener 15-20 cm de longitud, aproximadamente. Prepare así todos los triángulos y reserve 20 min al fresco.

Caliente una sartén de fundición y úntela de *ghee*. Cueza las tortas una tras otra. Dórelas bien por cada lado, untando con *ghee* a media cocción. A medida que estén cocidas, resérvelas en una hoja de papel de aluminio.

Un poco antes de servir, caliéntelas a horno medio en su envoltura (150 °C, t. 3-4). Estas tortas de mantequilla son deliciosas con todos los curries, especialmente los de verduras. Puede también omitir o sustituir los granos de hinojo por otras especias.

arroz, verduras y lentejas

[gombos rellenos]

Lave los gombos, séquelos y quíteles el rabillo con un cuchillo, sin cortar la carne. Mezcle las especias molidas, el mango molido y la sal. Siéntese cómodamente para rellenar los gombos, porque exige cierto tiempo. Abra cada gombo a lo largo sin atravesar la verdura y deténgase a 1/2 cm de cada extremo. Introduzca un dedo en la incisión para abrirlo, rellénelo con un poco de la mezcla aromática. Proceda de este modo con todos. Reserve.

Pele la cebolla, córtela en semicírculos finos. En una sartén o una olla de hierro lo bastante grande para contener los gombos, caliente el *ghee*, fría la cebolla a fuego medio hasta que tome color. Añada entonces los gombos en una sola capa y reduzca el fuego. Cueza sin tapar, dando la vuelta con cuidado a los gombos de vez en cuando para que se doren por todas partes. Al cabo de 15 min, tape, reduzca el fuego al mínimo y deje estofar 5-10 min. Sirva caliente. Estos gombos armonizan muy bien con todos los demás platos indios.

4 personas
Preparación: 1 h
Cocción: 20-25 min

350 g de gombos grandes muy frescos

Especias molidas:
1 cuch. sopera de cilantro
1 cuch. sopera de comino
1/4 de cuch. de café
de guindilla roja
1/2 cuch. de café de pimienta negra recién molida

1 cuch. sopera de mango molido (*amchoor*)
o, en su defecto, 1 cuch. sopera de puré de mango verde con 2 cuch. de café
de zumo de lima
1 cebolla mediana
6 cuch. soperas de *ghee*
(p. 28) o de aceite vegetal
sal

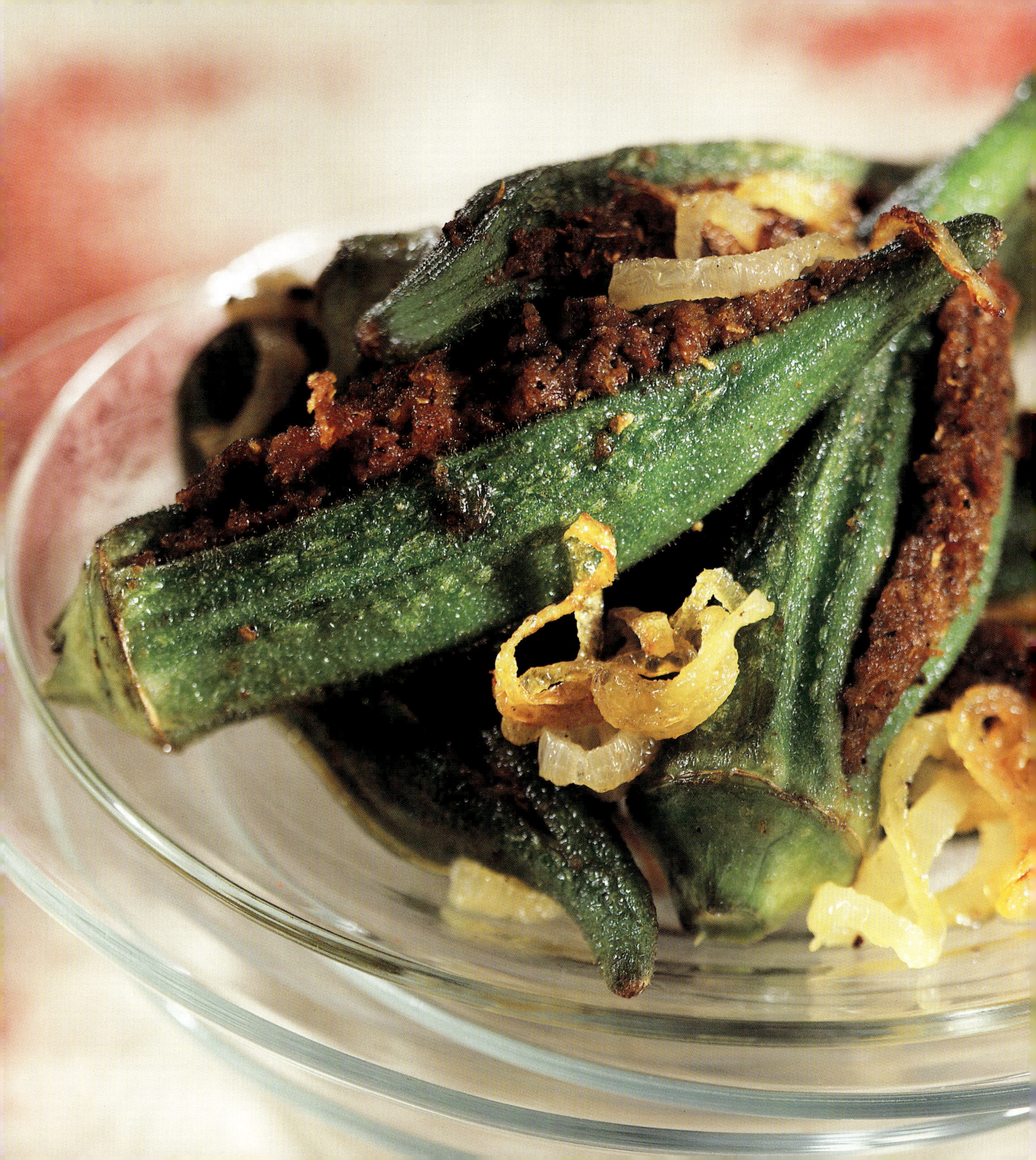

Sumerja los tomates unos segundos en agua hirviendo. Pélelos, reserve. En una marmita, fría las pastas aromáticas 1 min con la mitad del *ghee*, añada las especias molidas, sale. Ponga los tomates enteros y el zumo de tomate, cueza removiendo con precaución para no dañar los tomates. Deje cocer 15 min a fuego bajo o medio, luego resérvelo todo a fuego muy bajo.

Caliente el resto de *ghee* en una cacerola, fría las especias enteras y las guindillas rojas hasta que éstas comiencen a dorarse. Incorpore la mezcla al curry de tomates removiendo con cuidado. Deje cocer 5 min a fuego muy bajo.

Sirva este curry muy refrescante, adornado con cilantro, con arroz o como elemento de una comida india.

---

4 personas
Preparación: 20 min
Cocción: 25 min

1 kg de tomates pequeños muy maduros
1 cuch. de café de pasta de jengibre (p. 17)
2 cuch. de café de pasta de ajo (p. 17)
4 cuch. soperas de *ghee* (p. 28) o de aceite vegetal
15 cl de zumo de tomate

Especias molidas:
1 cuch. de café (o menos) de guindilla roja
1/2 cuch. de café de cilantro
1/2 cuch. de café de fenogreco
2 cuch. de café de comino

Especias enteras:
1/2 cuch. de café de semillas de arañuela (*kalonji*)
1/2 cuch. de café de granos de mostaza negra

3 guindillas rojas secas, sin las semillas
hojas de cilantro fresco
sal

[curry de tomates enteros]

Para cocinar a la manera india, he aquí lo mínimo: *ghee*,

limas, leche de coco, almendras, pistachos, algunas

variedades de *dal*, harina de garbanzos (*besan*), arroz

basmati, pulpa de tamarindo, pasas, guindillas rojas

secas, granos de sésamo, unos tarros de chutney y de

variantes, hojas de *kari* (conservadas en el congelador),

guindillas frescas rojas y verdes y agua de rosas.

[chutney de coco]

4 personas
Preparación: 25 min

1/4 de coco fresco sin cáscara
1 cuch. sopera de harina de garbanzos (*besan*)
las hojas de 1 manojo de cilantro fresco
1-3 guindillas verdes sin las semillas
1 guindilla roja sin las semillas y troceada
1 cuch. de café de *ghee* (p. 28)
1 pizca de mostaza negra en grano
unas hojas de *kari*
yogur o zumo de lima (optativo)
sal

Con un pelapatatas, retire la fina corteza marrón del coco. Lave la carne blanca, séquela, rállela. Reserve.

En una sartén pequeña, a fuego bajo, caliente la harina de garbanzos hasta que se hinche un poco sin tomar color. Retire inmediatamente del fuego, reserve.

Reúna el coco rallado, la harina, las guindillas verdes, un poco de sal y las hojas de cilantro en el recipiente de una batidora. Redúzcalos a una pasta no demasiado fina. Póngala en un bol. Caliente el *ghee*, saltee los granos de mostaza y la guindilla roja. Cuando ésta comience a oscurecerse, añada las hojas de *kari*, remueva y retire del fuego. Incorpore la mezcla al chutney. Podrá hacerlo más ácido con un poco de zumo de lima o de yogur.

[curry de champiñones]

4 personas
Preparación: 25 min
Cocción: unos 35 min

500 g de champiñones pequeños y enteros
1 tomate
2 cebollas medianas
5 cuch. soperas de *ghee* (p. 28)
1 cuch. de postre de pasta de ajo (p. 17)

Especias molidas:
1/2 cuch. de café de cúrcuma
1/2 cuch. de café de *garam masala* (p. 16)
1 pizca (o más) de guindilla roja

cilantro fresco
sal

Lave y seque con cuidado los champiñones. Si son demasiado grandes, córtelos en dos o en cuatro; son preferibles los champiñones pequeños enteros. Pele el tomate tras haberlo sumergido unos segundos en agua hirviendo, triture finamente la pulpa. Pele las cebollas, córtelas en rodajas finas.

Caliente el *ghee* en un wok o una freidora, dore las cebollas. Añada la pasta de ajo y el tomate, remueva bien 5 min. Añada las especias molidas, sale, fría 4-5 min removiendo. Añada entonces los champiñones y cueza unos 20 min a fuego bajo. Si la salsa se evapora demasiado, añada un poco de agua.

Fuera del fuego, adorne con cilantro picado y sirva caliente, como acompañamiento de un curry de carne o como elemento de una comida vegetariana.

6 personas
Preparación: 30 min
Cocción: 30 min

50 g de berenjenas
50 g de patatas
50 g de calabacines
50 g de zanahorias
50 g de judías verdes
50 g de col verde
50 g de coliflor
50 g de gombos
50 g apionabo
1 plátano verde
1 guindilla verde (o más)
1 cuch. de café de granos de comino
1/2 taza de té de coco rallado (fresco o seco)
20 cl de yogur (p. 20) escurrido
1/2 cuch. sopera de *ghee* (p. 28)
2 hojas de laurel

Especias molidas:
1/2 cuch. de café de cúrcuma
1 pizca de asa fétida
1 cuch. de café de fenogreco

3 dientes de ajo en rodajas
sal

[curry de verduras de Kerala]

Corte todas las verduras, ya peladas, en cubos de 2 cm de lado. Corte también el plátano verde en rodajas del mismo grosor. Parta la guindilla verde en dos y quítele las semillas.

Con la batidora, reduzca a una pasta fina el coco rallado y los granos de comino. Mezcle la pasta con el yogur. Reserve.

Ponga en una cacerola las verduras, el plátano, la guindilla verde, el laurel y la cúrcuma. Añada 15 cl de agua, tape, lleve a ebullición y cueza 25 min a fuego bajo. Fuera del fuego, mezcle las verduras con la pasta de coco y yogur. Reserve a fuego muy bajo.

En una cacerola, caliente el *ghee*, fría 1 min el ajo, añada la asa fétida y, luego, unos segundos más tarde, el fenogreco. Cuando el ajo tome color, mézclelo todo con el curry de verduras. Sirva caliente con un pan indio y un arroz sencillo.

arroz, verduras y lentejas

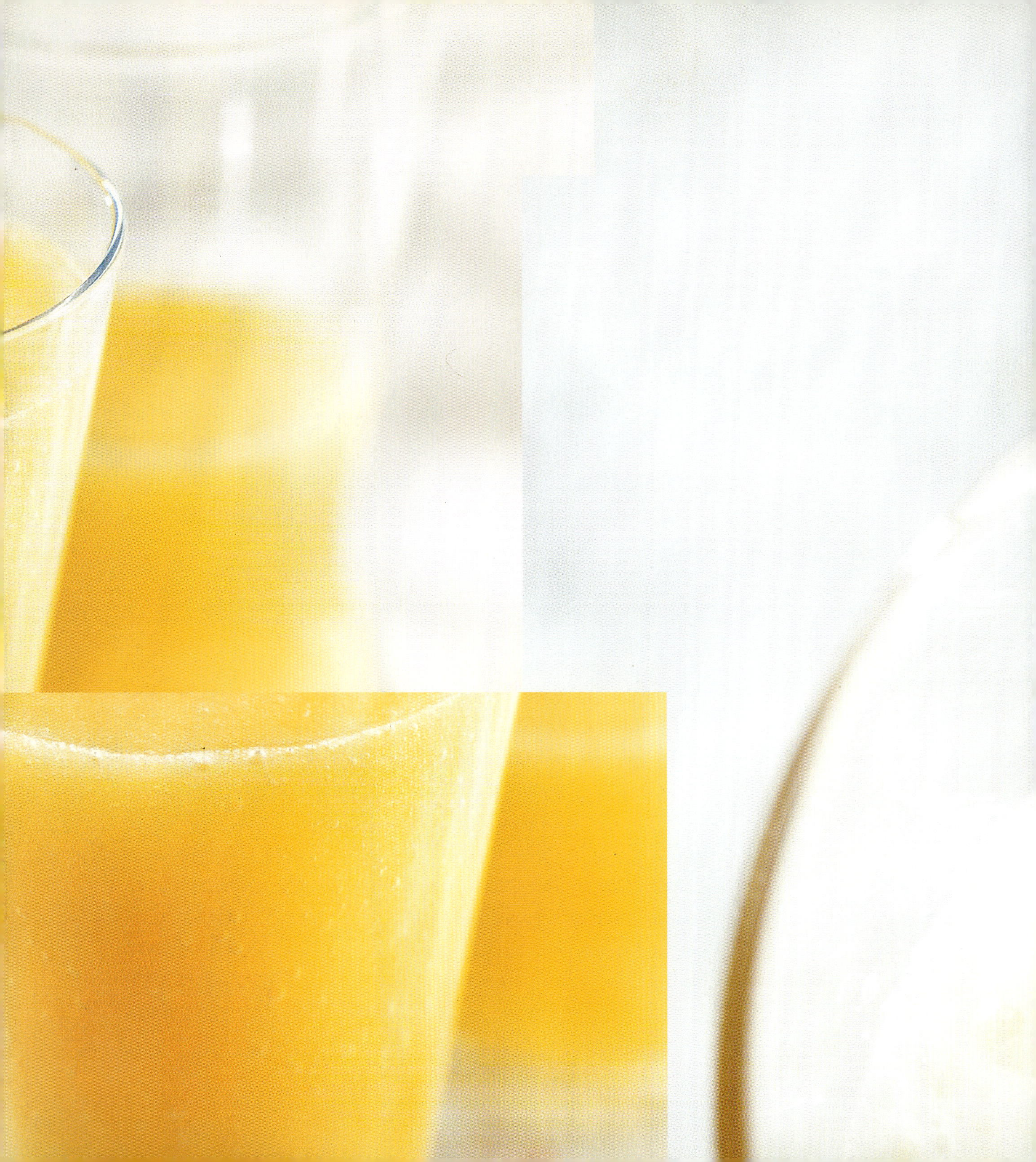

postres y bebidas

postres y bebidas

golosinas de las Indias

Los dulces indios tienden a ser ricos y muy azucarados. Por lo general a base de productos lácteos, sémola, *ghee* y almendras, ingredientes sagrados en la India, suelen servir de ofrendas a las divinidades. Pocas veces se consumen al finalizar las comidas, sino más bien como tentempié y para acompañar el té. Sin embargo, no vacile en servirlos como postre, atenúan el ardor de las especias...

[*halva* de zanahorias]

6 personas
Preparación: 15 min
Cocción: 1 h 30 min-2 h

1,750 litros de leche
500 g de zanahorias recién ralladas (conserve el zumo)

Especias enteras:
2 cm de bastoncito de canela
3 cardamomos verdes
1 pizca de hebras de azafrán en una cuch. sopera de agua caliente

3 cuch. soperas de pasas de Esmirna
60 g de *ghee* (p. 28)
2 cuch. soperas de miel líquida
180 g de azúcar
60 g de almendras fileteadas
1 cuch. de café de agua de rosas (optativo)

Lleve la leche a ebullición, añada las zanahorias y su zumo, así como la canela. Deje hervir 1 min, reduzca luego el fuego al mínimo y deje que cueza removiendo con mucha frecuencia (cuanto más a menudo remueva el preparado, mejor será el resultado).

Cuando la leche se haya reducido a los tres cuartos, añada los cardamomos, el azafrán y el agua de remojo, así como las pasas. Remueva hasta que la leche se haya evaporado por completo. Añada el *ghee* y remueva hasta que la mezcla lo haya absorbido. Entonces, añada la miel y el azúcar. Siga removiendo unos 8 min, hasta obtener una pasta translúcida de un hermoso anaranjado. Incorpore las almendras, añada eventualmente el agua de rosas y sirva caliente, tibio o fresco.

Servida fría, esta *halva* puede acompañarse con un poco de crema india. Es un postre muy rico y muy energético.

postres y bebidas

[crema helada de pistacho]

6 personas
Preparación: 20 min
Cocción: 1 h 30 min
Congelación: 6 h

1 litro de leche entera
100 g de azúcar
2 cuch. soperas de crema de arroz
las semillas majadas de 6 cardamomos
2 cuch. soperas de almendras molidas
120 g de pasta de leche (p. 103)
4 cuch. soperas de pistachos naturales, triturados fino

Lleve la leche a ebullición en una cacerola antiadherente, reduzca el fuego, añada el azúcar, deje que reduzca a fuego muy bajo removiendo con frecuencia: la leche no debe pegarse. Cuando se haya reducido dos tercios, añada la crema de arroz y el cardamomo, mezcle y déjelo cocer hasta obtener una pasta homogénea. Fuera del fuego, añada las almendras, luego la pasta de leche y, por último, los pistachos. Mezcle y deje reposar 2 min.

Vierta el preparado en pequeños recipientes de plástico o acero inoxidable (moldes de pasteles o pequeñas flaneras), deje que se enfríe, tape con papel de aluminio y ponga en el congelador para que comience a cuajar. Al cabo de 30 min, saque los moldes para remover suavemente el contenido. Tape de nuevo y deje 6 h, por lo menos, en el congelador.

Puede obtener una variante frutal de este delicioso helado sustituyendo los pistachos por 2 tazas de té de pulpa de mango fresco y algunas hebras de azafrán.

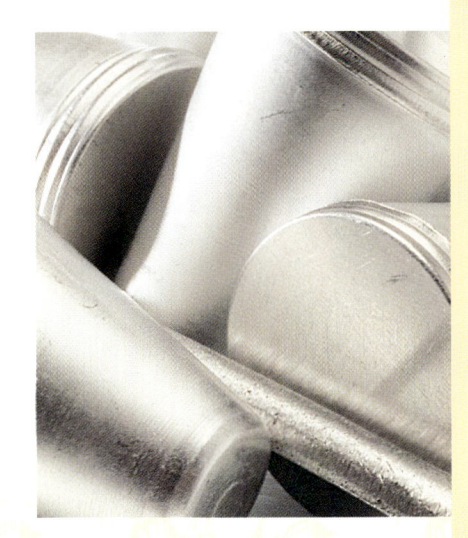

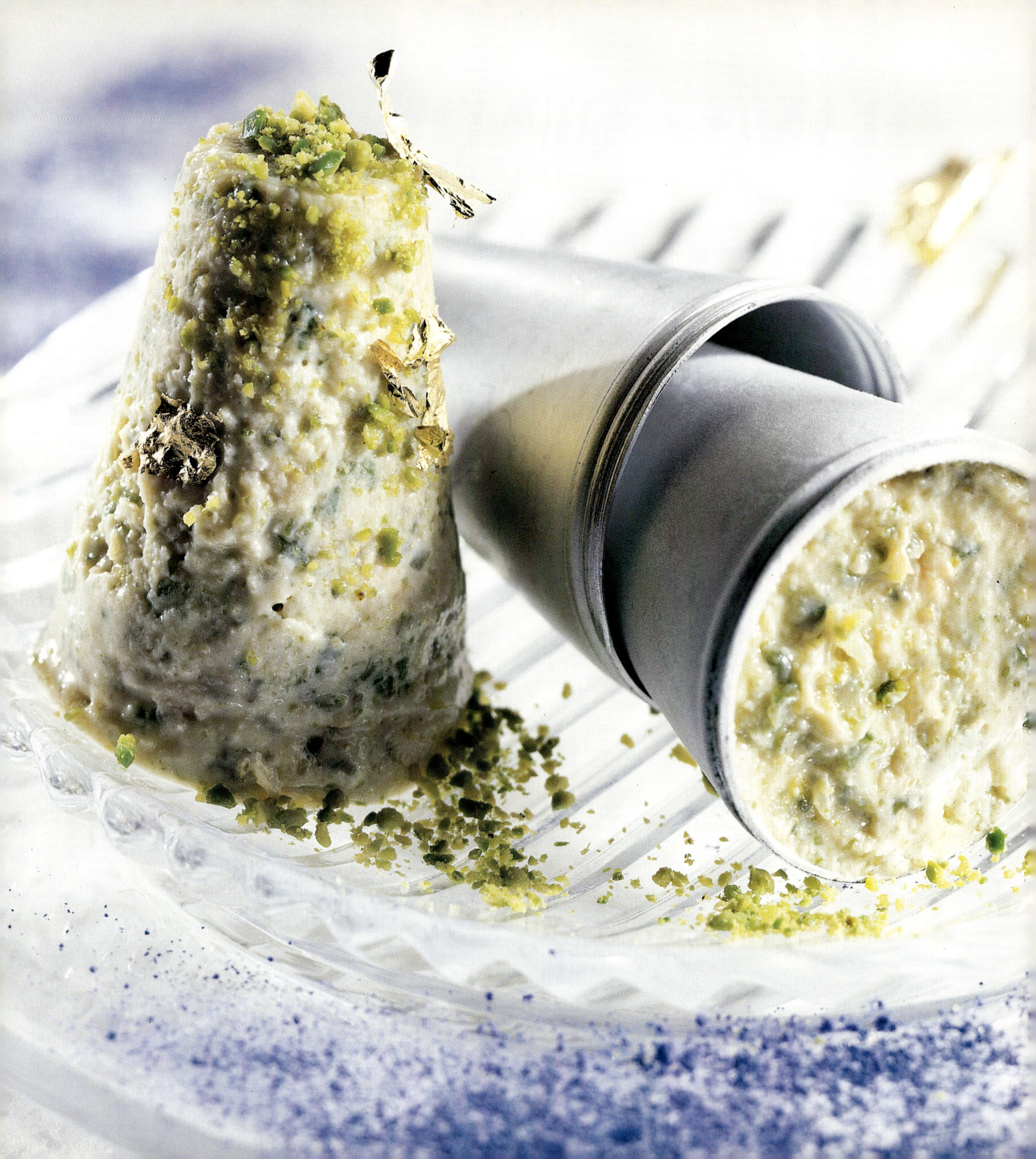

[brioche de pasas y almíbar]

Desmenuce la levadura en un pequeño bol de agua tibia con 1 cucharada de café de azúcar. Deje reposar 10 min. Disponga la harina en volcán, con la sal, en una gran ensaladera, vierta en el centro la levadura e incorpórela a la harina con la mano, con un gesto circular que vaya del centro a los bordes. Añada agua hasta obtener una pasta flexible, amase 5 min. Deje reposar 2 h en un lugar templado, cubierto con un trapo, hasta que la masa haya doblado su volumen. Precaliente el horno a 180 ºC (t. 5-6).

Extienda finamente la pasta en forma de rectángulo, unte generosamente con *ghee* y distribuya en la superficie la mitad de las pasas. Doble la pasta llevando hacia el centro las cuatro esquinas, unte con *ghee*, humedezca los bordes con un poco de agua (o de leche) y pliegue de nuevo. Pinche varias veces la parte alta con un tenedor, introduzca las almendras en la pasta. Póngala en una placa y deje descansar 15 min. Póngala al horno y cueza unos 25 min, hasta que el brioche esté algo dorado.

Mientras tanto, prepare un almíbar haciendo hervir poco a poco, juntos, el azúcar y el resto del *ghee*. Saque el brioche del horno, sumérjalo inmediatamente en el almíbar y deje que se enfríe.

Rocíelo con agua de rosas antes de servirlo cortado en rebanadas.

---

4 personas
Preparación: 45 min
Reposo: 2 h 15 min
Cocción: 25 min

20 g de levadura fresca de panadero
250 g de harina
1 pizca de sal
120 g de *ghee* (p. 28)
30 g de pasas de Esmirna
30 g de almendras peladas
180 g de azúcar
2 cuch. soperas de agua de rosas

[pestiños de almendras]

6 personas
Preparación: 45 min
Cocción: 5-8 min

250 g de almendras molidas
250 g de harina tamizada
125 g de *ghee* (p. 28)
1 cuch. de café de levadura química
20 cl de yogur (p. 20) bien escurrido
aceite para freír

Para el almíbar:
300 g de azúcar
las semillas de 3 cardamomos verdes
2 cuch. soperas de agua de rosas

Prepare el almíbar haciendo hervir 5 min 75 cl de agua con el azúcar y las semillas de cardamomo y añadiendo el agua de rosas al final. Reserve caliente.

Mezcle las almendras y la harina, incorpore el *ghee*, luego la levadura química y, por último, el yogur. Mezcle bien y deje reposar 15 min. Caliente el aceite para freír. Moldee la mezcla en pequeños pestiños redondeados de unos 5 cm de longitud, dórelos bien en el aceite sin romperlos. Retírelos escurriendo, sumérjalos inmediatamente en el almíbar caliente.

Sírvalos calientes o tibios; también puede dejar estos pestiños 8 h en la nevera y servirlos muy fríos.

[crema de arroz con pistachos]

4 personas
Preparación: 15 min
Cocción: unos 15 min

100 g de sémola fina de arroz o, en su defecto, 100 g de arroz blanco finamente pulverizado en el recipiente de una batidora.
50 cl de leche entera
120 g de azúcar de caña
2 cuch. soperas de pistachos naturales, pelados
2 cuch. soperas de almendras fileteadas
4 cardamomos
2 cuch. de café de agua de rosas o de vetiver (*kewara*)
hoja de plata para adornar (optativo)

Mezcle la sémola con un cuarto de la leche fría, reserve. Lleve a ebullición el resto de la leche con el azúcar, retire del fuego e incorpórela a la sémola diluida. Póngala otra vez a fuego bajo y deje cocer removiendo continuamente, hasta que la mezcla se espese. Añada los pistachos, las almendras y el cardamomo y cueza 2 min más. Retire del fuego, vierta en una fuente honda y deje que se enfríe.

Cuando el dulce esté frío, remuévalo para incorporar la costra que se ha formado, añada el agua de rosas y póngalo en la nevera antes de servir.

En la India, esta crema de arroz se sirve, como otros muchos postres, adornada con una finísima hoja de oro o plata. Estas hojas se venden en los colmados indios, pero si no las encuentra, no se preocupe, no es grave.

postres y bebidas **101**

[pastel de arroz con mango]

Lave el arroz y déjelo en remojo 12 h en agua fresca, con 1 pizca de sal. Lleve la leche a ebullición y redúzcala a la mitad a fuego bajo, removiendo con frecuencia. En un bol, mezcle el puré de mango, la nata y la leche reducida; añada el azúcar, el azafrán y el agua de rosas. Escurra el arroz, póngalo en una cacerola con 2,5 veces su volumen de agua. Lleve a ebullición, tape y deje cocer muy suavemente, hasta que el arroz esté tierno, dejando que se evapore toda el agua.

Precaliente el horno a 140 ºC (t. 3). En un molde de soufflé, ponga una capa de arroz, cúbrala con una capa de crema de mango. Repita la operación hasta agotar los ingredientes. Distribuya el *ghee* por la superficie y cueza 30 min al horno, hasta que el postre se haya gratinado un poco.

Sírvalo caliente o muy frío. Puede sustituir el puré de mango por puré de albaricoques o melocotones.

4 personas
Preparación: 45 min
Remojo: 12 h
Cocción: 1 h

250 g de arroz basmati
25 cl de leche
250 g de puré de mango fresco
25 cl de nata
30 g de azúcar
1 pequeño pizca de azafrán molido
1 cuch. de café de agua de rosas
2 cuch. soperas de *ghee* (p. 28)
sal

102 postres y bebidas

200 g de pasta de leche
Cocción: 1 h-1 h 30 min

1 litro de leche fresca entera,
lo más cremosa posible
1 vaso grande de leche en polvo
o 1 lata pequeña de leche
condensada sin azúcar

[pasta de leche]

Vierta la leche en una cacerola antiadherente y lleve a ebullición. Reduzca el fuego y mantenga la leche a hervor suave, removiendo de vez en cuando con una espátula de madera: sobre todo vigile con regularidad la cocción, porque no debe pegarse. Mezcle con la leche la película que se forma en la superficie. Cuando la leche se haya reducido dos tercios, añada la leche en polvo o condensada, reduzca el fuego al mínimo y remueva continuamente rascando el fondo de la cacerola. Poco a poco, obtendrá una crema y, luego, una pasta que no debe tomar color. Viértala en una fuente de porcelana y deje que se enfríe; está lista para usar.

Esta pasta de leche es la base para numerosos postres indios.

postres y bebidas

[*halva* de sémola]

Caliente el *ghee* en una cacerola, fría suavemente la sémola, removiendo bien, hasta que tenga un color uniforme y desprenda aroma.

Reduzca el fuego, añada el azúcar y remueva hasta que se haya fundido por completo. Añada el plátano, remueva bien, incorpore luego la leche caliente y las almendras. Mezcle bien, tape parcialmente la cacerola y deje cocer a fuego bajo hasta la completa evaporación del líquido.

Retire del fuego, incorpore el polvo de cardamomo y las pasas. Sirva caliente.

Esta *halva*, que en la India es un alimento sagrado destinado a las ofrendas religiosas, puede servirse como postre o a la hora del té.

4 personas
Preparación: 15 min
Cocción: 20 min

150 g de *ghee* (p. 28)
150 g de sémola fina de trigo
150 g de azúcar
1 plátano chafado
con el tenedor
50 cl de leche caliente
3 cuch. soperas de
almendras fileteadas
o trituradas
1/2 cuch. de café de semillas
de cardamomo molidas
2 cuch. de café de pasas
de Esmirna

[bebida de mango verde]

Lave bien los mangos verdes, póngalos en una cacerola y cúbralos de agua. Lleve a ebullición, reduzca el fuego, tape y deje hervir suavemente 40 min, hasta que los mangos estén bien cocidos. Escurra los frutos, deseche el agua de cocción. Pele los frutos, extraiga toda la pulpa, trabájela con la batidora y, luego, añada agua suficiente para obtener un líquido espeso y untuoso. Añada azúcar a voluntad y sirva frío.

Si lo desea, puede añadir unas hebras de azafrán al agua de cocción, esto le dará un aroma refinado.

4 personas
Preparación: 20 min
Cocción: 40 min

2 mangos verdes buenos
azúcar a voluntad
algunas hebras de azafrán
(optativo)

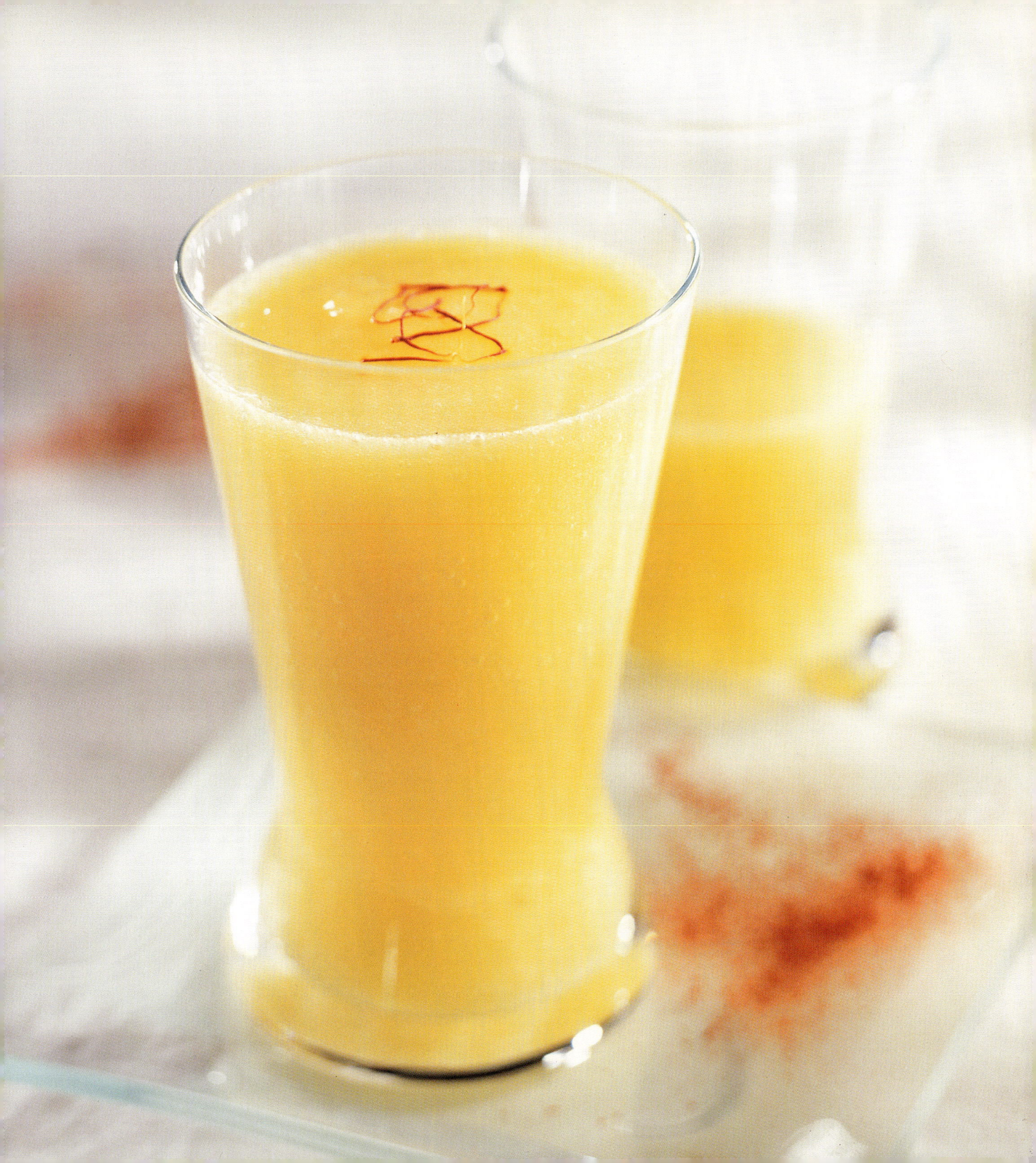

«Recuerde siempre guardar una cucharada sopera de yogur para la próxima elaboración.

Así evitará tener que ir a pedírsela a sus vecinos, que tal vez no tengan.» Manorama Ekambaram, *Hindu Kookery*, Bombay, 1963.

[*lassi* de especias]

Mezcle el yogur y el agua muy fría con las especias y la sal. Este *lassi*, muy digestivo, se sirve en jarra con unos cubitos de hielo como acompañamiento para las comidas o en cualquier momento del día o la noche.

Puede obtener un *lassi* a la menta añadiendo 3 cucharadas soperas de menta fresca picada fina.

Para un *lassi* de rosas, sustituya las especias mencionadas por 1-2 cucharadas soperas de azúcar molido y 2 cucharadas de café de esencia de rosas, o sustituya 10 cl de agua por agua de rosas.

Para un *lassi* de mango, incorpore a la bebida 30 cl de puré de mango fresco.

4 personas
Preparación: 5 min

50 cl de yogur (p. 20)
30 cl de agua muy fría

Especias molidas:
1/2 cuch. de café de pimienta negra recién molida
1/2 cuch. de café de comino molido
1 buena cuch. de café de *garam masala* (p. 16) (optativo)
1/2 cuch. de café de sal fina

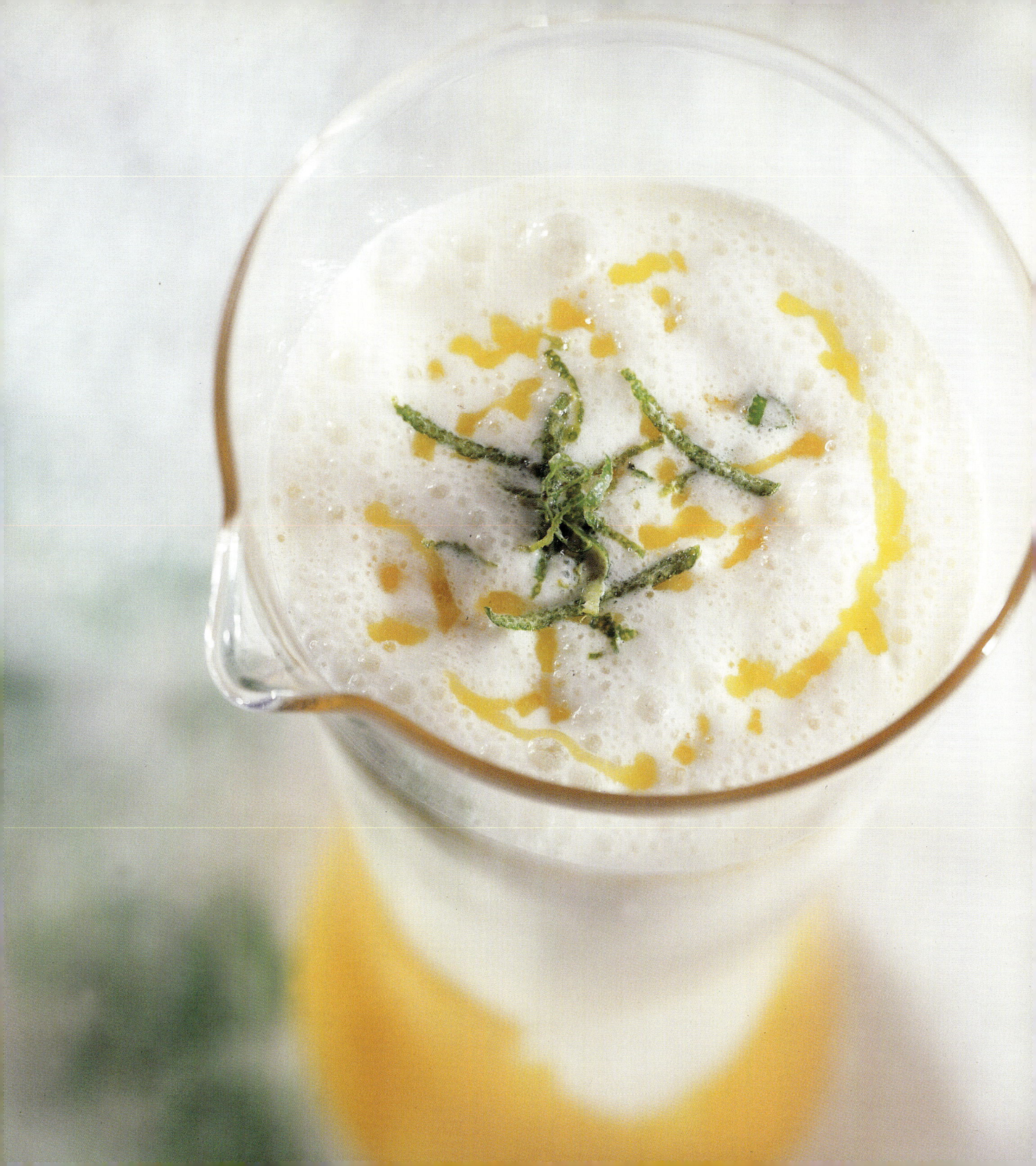

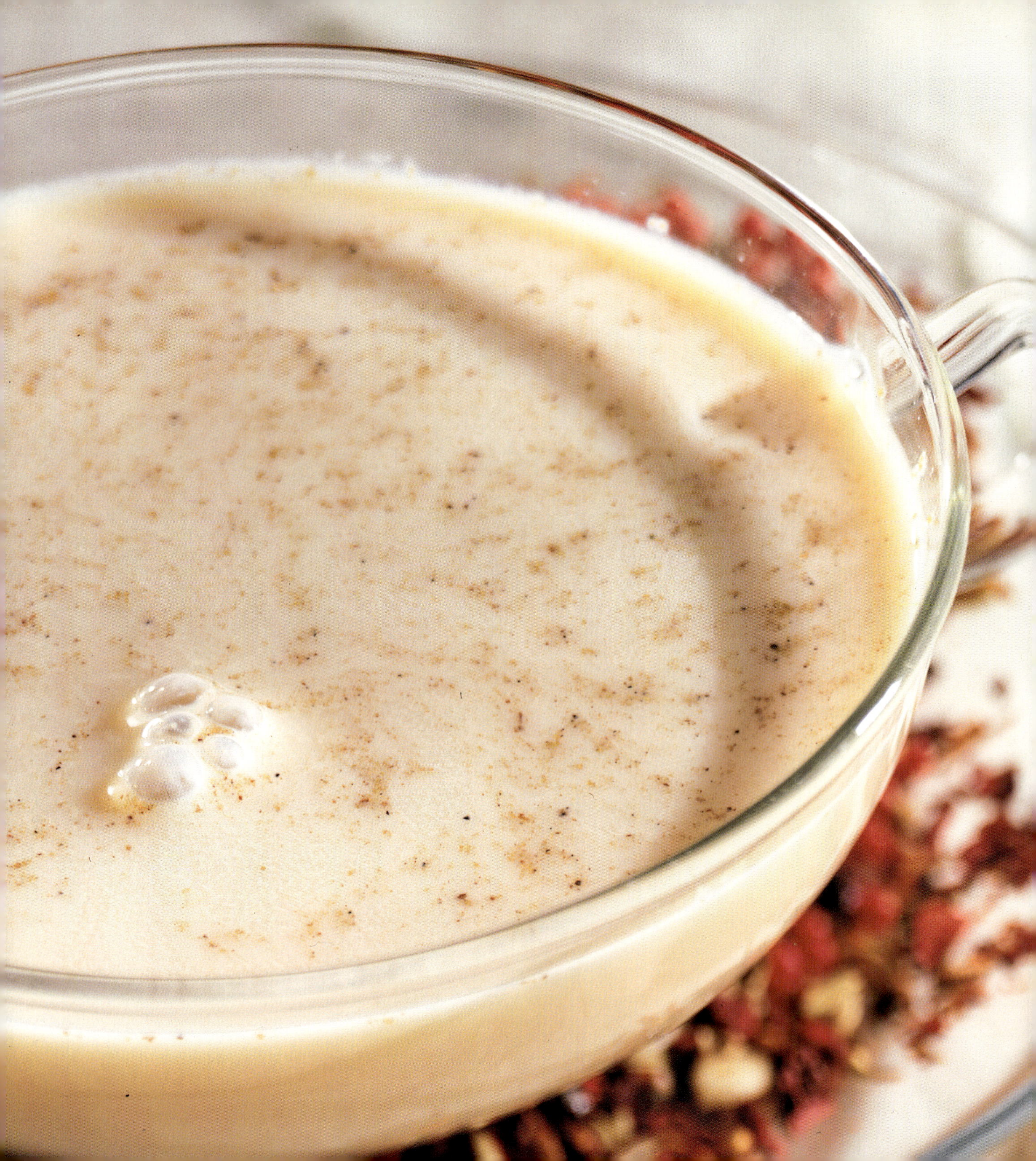

[té de especias]

6 personas
Preparación: 25 min

Especias enteras:
1 cuch. sopera de pimienta negra en grano
1/2 cuch. sopera de semillas de cardamomo verde
10 cm de bastoncitos de canela
1/4 de nuez moscada
1 cuch. de café de clavo

3 cuch. de café de té negro de Assam o de Ceilán en hojas
20 cl de leche entera o 1 lata pequeña de leche condensada sin azúcar
azúcar de caña a voluntad o azúcar en terrones

Prepare la mezcla de especias: reúna todas las especias en un molinillo de café y redúzcalas a polvo fino.

Lleve a ebullición 50 cl de agua en una cacerola. Al primer hervor, retire del fuego, añada las hojas de té y 1 cucharada de café de la mezcla de especias, cubra inmediatamente y deje reposar mientras prepara la leche.

Caliente la leche entera (o la leche condensada con el mismo volumen de agua) y el azúcar (a voluntad, según le guste el té más o menos dulce) hasta que se disuelva por completo. Caliéntelo, pero sin que llegue a hervir.

Filtre el té de especias, añada la leche azucarada, vierta en un recipiente de servicio y bébalo muy caliente, en vasos. Este té, especialmente reconstituyente, es muy apreciado al finalizar una comida, a la hora del té o en caso de fatiga.

La mezcla de especias se conserva en un frasco pequeño con cierre hermético, al abrigo del calor y la luz.

postres y bebidas

[croquetas de queso]

4 personas
Preparación: 45 min
Escurrido: 4 h por lo menos
Cocción: 1 h 30 min

1,500 litros de leche entera
el zumo de 1 lima
el zumo de 1/2 lima
1 o 2 cuch. soperas
de sémola de trigo fina
1 cuch. sopera de almendras
peladas y trituradas
1 cuch. sopera de pistachos
triturados
2 cuch. soperas
de azúcar en terrones
las semillas chafadas
de 6 cardamomos
15 g de azúcar molido
2 cuch. soperas de agua
de rosas o de vetiver
(kewara)

Lleve la leche a ebullición y añada inmediatamente el zumo de 1 lima. **R**emueva ligeramente. La cuajada debe separarse del suero. Viértalo todo en un colador fino provisto de muselina. Escurra, doble luego las esquinas de la muselina para formar una pequeña bolsa que colgará con un cordel sobre un fregadero. Déjelo así 4 h por lo menos, toda la noche si es posible. El queso obtenido debe ser muy firme.

Mézclelo con la sémola y el zumo de media lima, trabájelo bien hasta obtener una pasta algo firme. Moldéela con las manos haciendo bolitas lisas y redondas. Introduzca en cada bolita un poco de almendras y pistachos triturados, azúcar en terrones y cardamomo chafado, cierre bien cada bolita alrededor del relleno. Reserve.

Lleve a ebullición un litro de agua y el azúcar molido para obtener un almíbar. Sumerja suavemente en él las bolitas y deje cocer 1 h 30 min a fuego muy bajo. Sáquelas del almíbar, deje entibiar unos minutos, rocíelas con agua de rosas y sírvalas calientes o muy frías. Esta receta puede ser la base del dulce a la crema (p. 114).

postres y bebidas

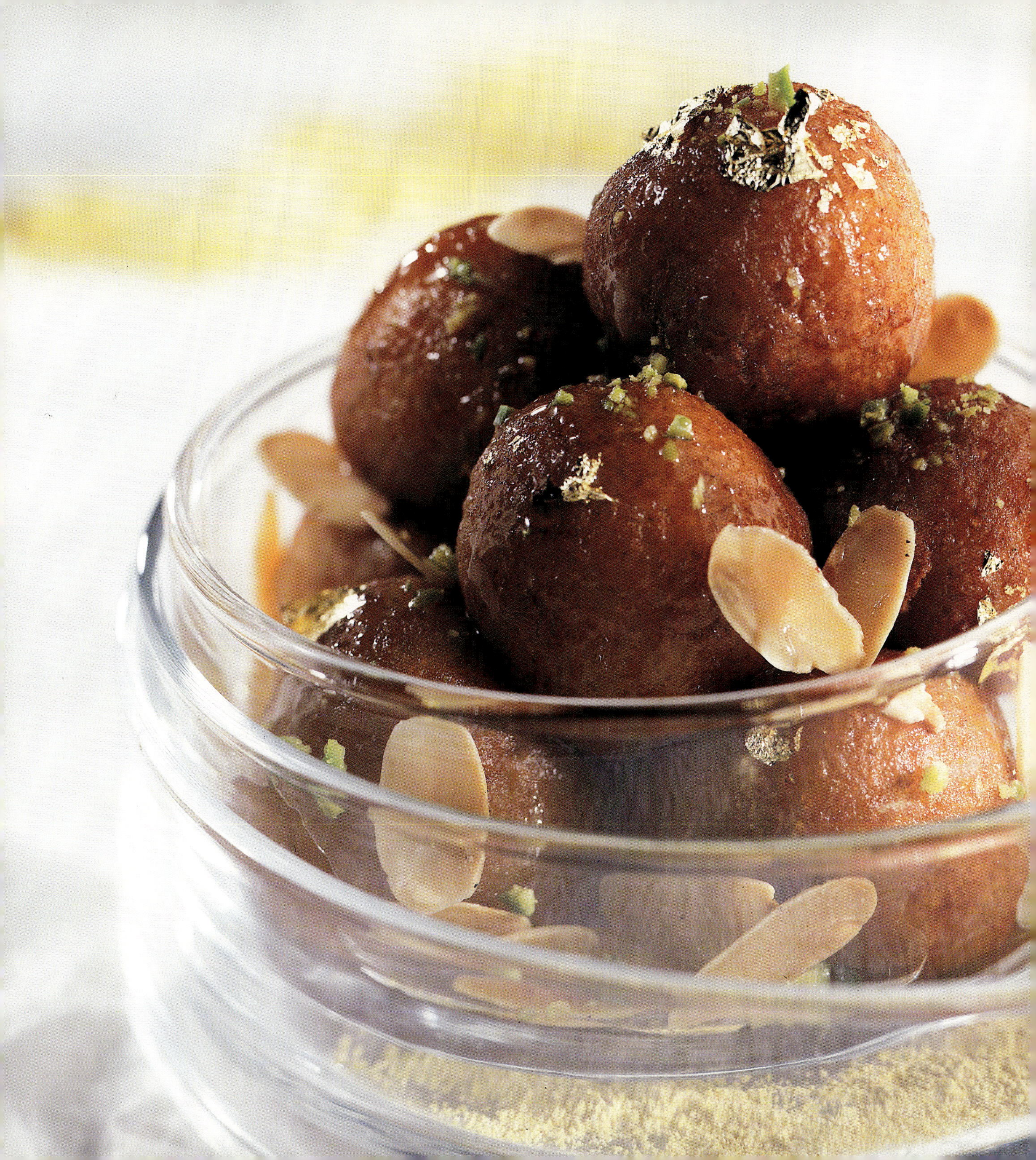

Diluya el azúcar en el agua necesaria para obtener un almíbar espeso. A fuego bajo, incorpore la pasta de leche al almíbar, mezclando bien, añada los pistachos y las almendras (reserve un poco), también el cardamomo. Deje cocer unos 15 min a fuego bajo, removiendo.

Vierta en una fuente pequeña, de borde un poco alto, y extienda la pasta con un grosor de 4-5 cm. Alise la superficie, decore con el resto de los pistachos y las almendras, deje enfriar y sirva cortada en rombos. Puede decorar con hojas de plata si las encuentra.

6 personas
Preparación: 10 min
Cocción: unos 20 min

100 g de azúcar
300 g de pasta de leche (p. 103)
60 g de pistachos sin cáscara, pelados y triturados
3 cuch. soperas de almendras fileteadas
las semillas de 6 cardamomos verdes
hojas de plata (optativo)

[*barfi* de almendras y pistachos]

112 postres y bebidas

Las especias básicas: pimienta negra, canela, cilantro,

comino, cardamomo verde, clavo, hebras de azafrán, nuez

moscada, granos de hinojo, mostaza negra, laurel. Molidas:

cúrcuma, fenogreco, canela, cilantro, comino, jengibre,

páprika, guindilla roja. Más raro y optativo: granos de apio

de montaña (*ajowan*), asa fétida, macis, mango (*amchoor*),

arañuela, comino negro, semillas de adormidera.

[dulce a la crema]

Una vez preparadas las croquetas de queso, sumérjalas, calientes todavía, 4 h en leche.

Retírelas de la leche y reserve en una fuente honda de servicio. Mezcle la leche y la nata ligera, lleve a ebullición, luego reduzca el fuego al mínimo. Deje cocer muy suavemente, más o menos 1 h, removiendo con frecuencia, hasta que se reduzca a la mitad. Añada entonces el queso, las semillas de cardamomo y la hoja de laurel. Cueza algunos minutos más, retire del fuego, tape y deje que los sabores se mezclen 5 min.

Vierta le leche caliente aromatizada y reducida en el plato con las croquetas de queso. Espolvoree con hebras de azafrán y pistachos, rocíe eventualmente con agua de rosas, deje entibiar, cubra con un film transparente y deje 6 h, por lo menos, en la nevera. Sirva muy frío.

4 personas
Preparación: 30 min
Remojo: 4 h
Refrigeración: 6 h
Cocción: 1 h

1 receta de croquetas de queso (p. 110)
1 litro de leche entera
25 cl de nata ligera
50 g de azúcar
las semillas chafadas de 5 cardamomos verdes
1 hoja de laurel
1 pizca escasa de hebras de azafrán
pistachos triturados para la guarnición
1 cuch. de café de agua de rosas (optativo)

[crema doble india]

Lleve la leche a ebullición, deje entibiar, luego viértala en una fuente honda. Deje una noche en la nevera. Al día siguiente, recoja con mucho cuidado, con una espumadera, la nata solidificada en la superficie, escúrrala y resérvela.

Esta nata sirve para preparar postres indios, también para acompañarlos. El resto de la leche puede emplearse para preparar yogur ligero.

Existe otro modo, tal vez más interesante, de preparar esta crema: con la misma cantidad de leche, haga yogur (p. 20) haciendo que cuaje en una gran ensaladera o, si es posible, en una fuente honda. Guárdelo una noche en la nevera y retire la crema como se ha indicado antes. Su sabor será delicioso. Evidentemente, el yogur restante será «bajo en calorías».

20 cl de crema
Preparación: 20 min
Refrigeración: 12 h

2 litros de leche entera muy cremosa, preferentemente cruda o de granja

[crema de arroz con almendras]

4 personas
Preparación: 10 min
Remojo: 30 min
Cocción: 35 min

100 g de arroz de grano largo
1 litro de leche entera
1,5 cuch. de café de semillas de cardamomo verde
la piel rallada de 1 limón
150 g de azúcar
50 g de almendras peladas, separadas en dos
1 cuch. de café de agua de rosas

Ponga en remojo el arroz 30 min en agua fresca, escurra y reserve. Lleve la leche a ebullición a fuego medio, añada el arroz, las semillas de cardamomo y la piel de limón y deje cocer 20-25 min a fuego bajo, sin tapar, hasta que el arroz esté muy cocido y cremoso. Añada entonces el azúcar y las almendras, cueza 10 min removiendo frecuentemente con una espátula de madera.

Cuando la crema de arroz está cocida, debe ser muy espesa y estar ligeramente dorada. Entonces, añada el agua de rosas. Sirva caliente o muy fría.

postres y bebidas

[glosario]

Arañuela *(kalonji)*: pequeñas semillas negras llamadas, sin razón, «semillas de cebolla», la encontrará con facilidad en las tiendas de alimentación mediterránea. En el norte de África se espolvorea con ella los panes.

Asa fétida: resina de una umbelífera oriental, de olor muy fuerte. Se utiliza molida para los platos vegetarianos.

Coco (leche de): se encuentra con facilidad, pero, en su defecto, puede hacer una infusión de coco rallado con un poco de agua hirviendo y luego exprimir bien el jugo para obtener un sustituto.

Comino negro *(kala jeera)*: es un primo del comino ordinario, con olor a trufa y de fino grano negro. Si no lo encuentra, omítalo.

***Dal*:** el término abarca numerosas variedades de lentejas y pequeñas habas peladas. He aquí las más empleados: *toor dal*, grandes lentejas amarillas majadas, untadas a menudo con aceite de ricino (lávelas bien antes de prepararlas); *moong dal*, granos de soja verde sin cáscara; *masoor dal*, lentejas rosa majadas (fáciles de encontrar en tiendas de productos dietéticos o de alimentación oriental); *chana dal*, pequeños garbanzos majados; *urat dal*, lentejas blancas sin la corteza negra. Si no encuentra el *dal* que se indica en la receta, sustitúyalo por otra variedad o por guisantes amarillos majados.

***Garam masala*:** mezcla de especias «calientes» del norte de la India, se añade sólo al finalizar la cocción. Puede prepararlo en su casa (p. 16).

***Ghee*:** mantequilla clarificada, base de la cocina india, utilizada también en dietética y las ceremonias religiosas. Es muy fácil de preparar en casa (p. 28).

***Kari* (hojas de *kari, kari phulia* o *kari patta*):** término que no debe confundirse, en absoluto, con «cari» o «curry». Hojitas de un arbusto tropical cuyo aroma a trufa es muy apreciado en los platos vegetarianos. Pierden su aroma al secarse, pero pueden congelarse en un tarro bien cerrado. Si no las encuentra, no las sustituya, su aroma es único.

[consejos de compra]

Hay pocas especias y productos indios que no se encuentren en las tiendas de alimentación mejor provistas y en las grandes superficies. Si desea comprar especias en las mejores condiciones le será necesario explorar su ciudad, tal vez así descubra rincones insospechados y encuentre esas tiendas de alimentación exótica que ya comienzan a proliferar en las principales ciudades españolas.

[índice alfabético de las recetas]

Arroz basmati a la afgana 66
Arroz basmati al azafrán 68

Barfi de almendras
y pistachos 112
Bebida de mango verde 104
Biriani de pollo 71
Brioche de pasas y almíbar 100
Broquetas de cordero *tandoori* 33
Buñuelos de tomate relleno 76
Buñuelos de verduras 18

Calabacines rellenos 81
Caldo de lentejas amarillas
con tomate 23
Chapati 34
Chutney de ajo fresco 82
Chutney de coco 92
Chutney de hierbas 26
Chutney de tomate agridulce 46
Chutney parsi de mango 29
Cordero encebollado 54
Costillas o espalda de cordero
a la mongola 48
Crema de arroz con almendras 115
Crema de arroz con pistachos 101
Crema doble india 114
Crema helada de pistacho 98
Croquetas de queso 110
Curry de albóndigas de cordero 59
Curry de berenjenas con pasta de
especias 79
Curry de cerdo *vindaloo* 62
Curry de champiñones 92

Curry de cordero con espinacas 57
Curry de gambas con leche de
coco 65
Curry de patatas 75
Curry de pescado al yogur 58
Curry de pollo al azafrán 53
Curry de pollo al yogur 56
Curry de tomates enteros 90
Curry de verduras de Kerala 93

Dal a las especias 78
Dal al azafrán 82
Dal a la leche de coco 80
Dulce a la crema 114

Encurtidos de lima con
jengibre 84
Ensalada india marinada 11
Ensalada picante de mango 60

Gambas *tandoori* 49
Garam masala 16
Ghee 28
Gombos rellenos 88

Halva de sémola 104
Halva de zanahorias 97

Jarretes al horno 40

Korma de cordero
con almendras 70

Lassi de especias 106

Muslos de pollo rellenos
tandoori 42

Naan 34

Pasta de leche 103
Pastas aromáticas 17
Pastel de arroz con mango 102
Patatas fritas con especias 24
Pescado entero *tandoori* 45
Pescado *tikka* 40
Pestiños de almendras 101
Pollo *balti* 60
Pollo *tandoori* 37
Pollo *tandoori* con salsa de
tomate y mantequilla 36
Pollo *tikka* 39
Potaje frío al yogur 18
Potaje mulligatawny 14
Potaje picante de patatas 15
Puré de berenjena ahumada 15

Raita de verduras 38

Samosas de verduras 12

Té de especias 109
Tortas de mantequilla al hinojo 87

Yogur indio 20

[índice]

Entradas y sopas 8
Ensalada india marinada 11
Samosas de verduras 12
Potaje mulligatawny 14
Puré de berenjena ahumada 15
Potaje picante de patatas 15
Garam masala 16
Pastas aromáticas 17
Buñuelos de verduras 18
Potaje frío al yogur 18
Yogur indio 20
Caldo de lentejas amarillas con tomate 23
Patatas fritas con especias 24
Chutney de hierbas 26
Ghee 28
Chutney parsi de mango 29

Tandooris 30
Broquetas de cordero *tandoori* 33
Naan 34
Chapati 34
Pollo *tandoori* con salsa de tomate y mantequilla 36
Pollo *tandoori* 37
Raita de verduras 38
Pollo *tikka* 39
Jarretes al horno 40
Pescado *tikka* 40
Muslos de pollo rellenos *tandoori* 42
Pescado entero *tandoori* 45
Chutney de tomate agridulce 46

Costillas o espalda de cordero a la mongola 48
Gambas *tandoori* 49

Curries y *baltis* 50
Curry de pollo al azafrán 53
Cordero encebollado 54
Curry de pollo al yogur 56
Curry de cordero con espinacas 57
Curry de pescado al yogur 58
Curry de albóndigas de cordero 59
Pollo *balti* 60
Ensalada picante de mango 60
Curry de cerdo *vindaloo* 62
Curry de gambas con leche de coco 65
Arroz basmati a la afgana 66
Arroz basmati al azafrán 68
Korma de cordero con almendras 70
Biriani de pollo 71

Arroz, verduras y lentejas 72
Curry de patatas 75
Buñuelos de tomate relleno 76
Dal a las especias 78
Curry de berenjenas con pasta de especias 79
Dal a la leche de coco 80
Calabacines rellenos 81
Dal al azafrán 82
Chutney de ajo fresco 82

Encurtidos de lima con jengibre 84
Tortas de mantequilla al hinojo 87
Gombos rellenos 88
Curry de tomates enteros 90
Chutney de coco 92
Curry de champiñones 92
Curry de verduras de Kerala 93

Postres y bebidas 94
Halva de zanahorias 97
Crema helada de pistacho 98
Brioche de pasas y almíbar 100
Pestiños de almendras 101
Crema de arroz con pistachos 101
Pastel de arroz con mango 102
Pasta de leche 103
Halva de sémola 104
Bebida de mango verde 104
Lassi de especias 106
Té de especias 109
Croquetas de queso 110
Barfi de almendras y pistachos 112
Dulce a la crema 114
Crema doble india 114
Crema de arroz con almendras 115

Glosario 116
Consejos de compra 117
Índice alfabético de las recetas 118

[agradecimientos]

Sophie Brissaud da las más efusivas gracias a Ujwala Samant, Peter Sharma y Walli Ahmad Nouri.
Françoise Nicol agradece a Suyapa Audigier su disponibilidad, su profesionalidad y su amabilidad.
Laurence du Tilly agradece a The Conran Shop el préstamo de sus objetos.
El editor agradece a Édouard Collet y Mélanie Joly su valiosa ayuda y a Marine Barbier sus atentas lecturas.

[créditos fotográficos]

Cubierta: **Scopel Christian Goupi**
p. 10: **Explorer/R. Mattes**; p. 32: **Sipa Press/Frilet**; p. 52: **Explorer/P. Leopold**; p. 74: **Scope/Christian Goupi**; p. 96: **Scope/Michel Gotin**.

Impreso y encuadernado en Francia por Partenaires.
ISBN: 84-345-0371-9